AF248326

MÉMOIRES

HISTORIQUES ET CHRONOLOGIQUES

SUR LES SÉMINAIRES ÉTABLIS DANS LA VILLE DE TOULOUSE, DEPUIS LEUR ORIGINE JUSQU'A NOS JOURS,

D'APRÈS

Les documents authentiques dépos   ux archives du Département, de l'Archetéché, des Prêtres de Saint-Sulpice du Séminaire diocésain, et les autres Monuments religieux ou littéraires de la Ville, et de la Province ecclésiastique,

POUR SERVIR A L'HISTOIRE DE L'ÉGLISE DE TOULOUSE,

AVEC DES RÉFLEXIONS ET DES REMARQUES CRITIQUES.

TOULOUSE,

IMPRIMERIE DE JEAN-MATTHIEU DOULADOURE,

RUE SAINT-ROME, 41.

—

1852.

MÉMOIRES

HISTORIQUES ET CHRONOLOGIQUES

SUR LES SÉMINAIRES ÉTABLIS DANS LA VILLE DE TOULOUSE,
DEPUIS LEUR ORIGINE JUSQU'A NOS JOURS,

POUR SERVIR A L'HISTOIRE DE L'ÉGLISE DE TOULOUSE :

AVEC DES RÉFLEXIONS ET DES REMARQUES CRITIQUES.

INTRODUCTION.

Il existait à Toulouse, avant la révolution, cinq grands Séminaires où étaient élevés les aspirants au sacerdoce, étudiants en philosophie et en théologie, savoir :

1° Le Séminaire du Diocèse, rue Valade, vulgairement appelé Séminaire de Calvet, du nom du Prêtre de la compagnie de Saint-Sulpice, qui, après la dispersion des Jésuites, fut le restaurateur, le supérieur et le bienfaiteur de cette maison. M. Amblard, Prêtre de la même compagnie, lui succéda immédiatement, et continua ses fonctions jusqu'en 1791 [1]. Nous aurons occasion de faire connaître M. de Calvet et les grands services qu'il a rendus, non-seulement au diocèse de

Toulouse, mais encore à diverses provinces du Midi de la France. Ce Séminaire est maintenant occupé par l'infanterie de ligne.

2° Le Séminaire de Saint-Charles, situé près de l'ancienne abbaye et de l'église Saint-Sernin, autrement nommé Séminaire commun, parce qu'il était destiné à recevoir les aspirants et les clercs des évêchés du Languedoc et des provinces circonvoisines. Il eut pour fondateur et premier supérieur le même M. de Calvet. M. de Saint-Félix, que nous retrouverons à la tête du Séminaire du Diocèse après le Concordat de 1801, fut le dernier supérieur de Saint-Charles[2]. Ce Séminaire est aujourd'hui une caserne d'infanterie de ligne et de chasseurs à pied.

3° Le Séminaire de la Mission, dirigé par la congrégation de Saint-Lazare. Il dut son origine à l'union des Prêtres de cette congrégation avec ceux de l'institut de Sainte-Marie qui dirigeaient à Toulouse le Séminaire dit de Caraman, au faubourg Saint-Etienne, et dont nous parlerons bientôt. Après la dispersion des Jésuites, ce Séminaire fut transféré au noviciat de ces Religieux, sur le quai de la Daurade. M. Compans, auteur de la nouvelle édition du Traité des dispenses, en était supérieur au moment de la révolution[3]. Les bâtiments ont été transformés en caserne d'artillerie.

4° Le Séminaire de Notre-Dame de la Dalbade, ou de l'Oratoire, régi par les Prêtres de cet institut. Le P. Roubeau en fut le dernier supérieur[4]. On voit encore aujourd'hui, rue de la Dalbade, en face de l'hôtel Saint-Jean, d'assez beaux restes de l'intérieur de cette maison, qui appartient à des particuliers.

5° Le Séminaire des Irlandais, également appelé de Sainte-Anne la Royale, du nom de sa fondatrice Anne d'Autriche. Il avait pour supérieur, en 1791, M. Robert Mac Carthy [3]. La maison qui subsiste encore, du moins en partie, est devenue une propriété privée : elle est située rue Valade, et forme l'un des coins de la rue de Labastide [4].

C'est de ces divers établissements, si précieux à la Religion, si utiles à l'Eglise, de leur origine, des accroissements, des revers ou des succès qu'ils ont eus, de leur décadence et de leur restauration, que nous allons tracer le précis historique dans de simples Mémoires. Ce ne sera donc ici ni une histoire, ni un simple journal ; c'est quelque chose de mitoyen, moins agréable qu'une belle histoire, moins ennuyeux qu'une mauvaise. Nous diviserons ces Mémoires en deux parties. La première commencera au berceau du premier Séminaire de Toulouse, en 1651, et se terminera à la révolution française, en 1791 : la seconde reprendra en 1806, époque du rétablissement du Séminaire diocésain, et finira en 1850.

(*) Outre ces grands Séminaires, il y avait encore à Toulouse un petit Séminaire, établi en 1784 par Mgr. de Brienne, Archevêque de cette ville, et dirigé par M. Jalabert, mort Grand Vicaire de M. de Quélen, Archevêque de Paris. Ce Séminaire occupa d'abord le Collége de Périgord, où se trouve aujourd'hui le grand Séminaire : mais, en 1789, les Religieux de la Merci ayant été sécularisés, leurs biens furent unis au petit Séminaire, qui fut alors transféré dans le couvent de ces Pères, place Arnaud-Bernard : cette maison a été vendue pendant la révolution.

Le petit Séminaire acquit, par l'union dont nous venons de parler, une propriété d'environ 230,000 livres ; mais à la charge d'une pension viagère de 12,600 livres pour les treize religieux qui composaient la communauté. Le Clergé du diocèse s'engagea à fournir tous les ans, jusqu'au décès des pensionnaires, 5,200 fr. pour compléter le payement des susdites rentes viagères. *Arch. du Dép.*—*Etat des Séminaires existants dans la municipalité, etc.*

PREMIÈRE PARTIE.

DEPUIS LES COMMENCEMENTS DU PREMIER SÉMINAIRE DE TOULOUSE, EN 1651, JUSQU'A LA RÉVOLUTION FRANÇAISE, EN 1791.

Nous traiterons séparément de chaque Séminaire, en suivant l'ordre de leur ancienneté.

§ I⁵

DES SÉMINAIRES DE CARAMAN ET DE LA MISSION.

ANNÉE 1651. Nous joignons ensemble ces deux Séminaires, qui furent réunis, dans la suite, sous une seule et même congrégation.

Le Séminaire appelé successivement de *Carmaing*, *Carman*, ou *Caraman*, parce que le fonds sur lequel il était bâti, dans le faubourg et la paroisse Saint-Etienne, avait appartenu à M. le Comte de ce nom [6], est le premier Séminaire établi à Toulouse et dans toute la province ecclésiastique. Il fut fondé en 1651, avec l'approbation de Mgr de Montchal, Archevêque de Toulouse, par M. Raymond Bonal, prêtre de Villefranche du Rouergue, docteur en Théologie, et dirigé par des Prêtres séculiers de la congrégation de Sainte-Marie, instituée en 1633 par ce vénérable docteur [7]. La mort du savant Archevêque, survenue au mois d'août de cette même année, l'empêcha de donner suite à une si utile fondation, qui, après cinq ans d'existence, c'est-à-dire en 1656, ne montrait encore, au témoignage d'un mémoire du temps, qu'un com-

mencement de Séminaire [8]. Pour en faciliter l'accrois-
sement, Mgr de Marca, successeur de Mgr de Montchal, conçut, dès son arrivée à Toulouse, le projet
d'obliger ses jeunes clercs à demeurer dans le Séminaire avant leur ordination. Une circonstance des plus
heureuses vint d'abord le fortifier dans son dessein, et
lui fournir les ressources nécessaires pour l'exécution.
M. de Costa, curé de Baziége, et Jean de Costa son
neveu, avaient disposé par testament d'une partie considérable de leur fortune, *pour l'établissement d'un
Séminaire près la porte Saint-Étienne, dans l'espace
de dix ans* [9]. Ces dispositions étaient demeurées en
suspens, par l'impossibilité de cet établissement dans
le temps déterminé, lorsque, le 23 octobre 1656,
Marie de Costa, voulant remplir les intentions de ses
parents, *du consentement et avec l'approbation de
Mgr l'Archevéque, transporta et remit les fonds et revenus de cette fondation au Séminaire de Caraman* [10].
Cependant il s'éleva des contestations sur l'interprétation du testament : on se pourvut devant les tribu-
naux contre cette cession, et, avant le jugement du
procès, il intervint, le 26 août 1657, une transaction
qui, en terminant le différend, dépouilla le Séminaire
de la plus grande partie de ces deux successions [11].

Mgr de Marca comprenait trop bien les précieux
avantages qu'il pourrait retirer de son Séminaire, pour
que ce contre-temps lui fît abandonner son premier dessein. Ses Grands Vicaires publièrent, le 20 mars 1658,
une ordonnance, confirmée ensuite par l'Archevêque,
dans laquelle ils déclarent « que ceux qui voudront se
» faire promouvoir *aux ordres sacrés*, ne seront point
» admis à l'examen, qu'ils n'aient demeuré *trois mois*
» dans l'un des Séminaires de la ville de Toulouse [12], »

Mais les affaires importantes où se trouva bientôt après engagé le docte et habile Prélat, et sa translation à l'Archevêché de Paris qui en fut la suite, ne lui permirent pas de poursuivre l'exécution de cette sage mesure. Elle était réservée au zèle de Mgr d'Anglure de Bourlemont. Quelques jours s'étaient à peine écoulés depuis sa prise de possession, qu'il se hâta de renouveler, avec quelques modifications, les prescriptions de son prédécesseur. Le texte de son ordonnance, du 8 novembre 1664, la première en ce genre qui nous soit parvenue en son entier, mérite d'être rapporté : « Char-
» les, etc. Depuis qu'il a plu à la divine Bonté de nous
» appeler au gouvernement de ce Diocèse, Nous l'a-
» vons sans cesse priée afin qu'il luy plaise répandre son
» Esprit parmy les Ecclésiastiques, sçachant bien que
» de leur sanctification dépend la reformation des peu-
» ples, et qu'il ne nous suffit pas de donner des Minis-
» tres aux Autels, ny des Recteurs ou des Directeurs
» à ceux que Dieu a commis à Nostre conduite, s'ils
» ne sont revestus de toutes les qualités que Dieu exige
» d'eux : Et pour cet effet, Nous ne prétendons donner
» les Ordres qu'à des hommes dont la vie soit par nous
» esprouvée, et qui par leur vocation, probité, et ca-
» pacité, soient dignes de cet honneur; à quoi Nous
» n'avons pas trouvé de meilleur expédient que celui
» qui nous a esté ordonné par le Concile de Trente,
» qui est de les faire passer par quelque Séminaire où
» ils puissent bien estre instruits des obligations et fonc-
» tions de leur ministère. A ces causes, nous avons or-
» donné et ordonnons à tous ceux qui aspirent aux
» Ordres *mineurs* et *sacrés*, qu'avant que de paroistre
» devant Nous pour estre examinés à recevoir des Or-
» dres ou des Dimissoires, ils ayent esté quelque temps

» dans le *Séminaire vulgairement dit de Carmaing*,
» scitué dans le faux-bourg Saint-Estienne de cette ville,
» pour là, faire les exercices spirituels, et recevoir
» toutes les instructions nécessaires pour connoistre
» le merite de l'estat ecclésiastique, et s'acquiter des
» obligations qui le suivent. Enjoignant à ces fins à
» tous ceux qui prétendront aux *quatre ordres mi-*
» *neurs*, de demeurer auparavant *dix jours* dans ledit
» Séminaire, à ceux qui prétendront au *sous-diaco-*
» *nat*, *six semaines*, à ceux qui voudront le *diaconat*,
» *un mois*, et à ceux qui desireront l'Ordre de la *pré-*
» *trise*, *autant;* après quoy portant une attestation du
» Directeur dudit Seminaire, tant du temps qu'ils y
» ont esté, que de leur piété et bonne conversation,
» ils seront receus à Nostre examen pour les Ordres et
» non autrement ; et afin que la présente Ordonnance
» soit observée et exécutée, Enjoignons à tous Curés
» et Vicaires de ce Diocèse d'en faire la publication aux
» Prônes, etc. [13] »

Le vénérable Prélat ne se contenta pas de publier son ordonnance, et d'en presser l'observation. Il déploya toute l'énergie et l'activité de son zèle ; il se donna des soins infinis pour doter cette institution, toujours languissante faute de ressources, lui procurer un édifice plus vaste et plus commode, et en assurer l'existence et la prospérité. De concert avec Mgr de Ventadour, Evêque de Mirepoix, il unit, après bien des contradictions, au Séminaire de Caraman, tous les biens et revenus du Collége de Saint-Nicolas, fondé à Toulouse par les Evêques de Mirepoix [14]. L'union fut confirmée par des lettres patentes du mois de septembre 1668 [15], qui, sur les oppositions réitérées du syndic de ce collége, ne furent enregistrées au Parlement de Toulousc, après deux lettres de jussion [16], que le 12 novembre 1667 [17].

Le zèle des trois Prélats qui avaient concouru à l'établissement du Séminaire de Caraman, et, en particulier, les efforts de M⸢gr⸣ de Bourlemont n'eurent pas le succès qu'on s'en était promis. Un concours de circonstances imprévues, la mort de l'Archevêque en 1669, deux années de vacance du siége, le court épiscopat du Cardinal de Bonzy, une nouvelle vacance de deux ans avant la promotion de M⸢gr⸣ de Montpezat, en 1675 [18], ne contribuèrent pas peu à paralyser le développement d'une communauté qui, après vingt-quatre ans d'existence, était encore dans son berceau. Elle avait, de plus, dans sa constitution, un vice radical, un principe de dissolution d'autant plus actif, qu'il était inaperçu de ceux-là même qui étaient chargés de son gouvernement. Si les Prêtres de Caraman recevaient, par intervalles, quelques aspirants à l'état ecclésiastique, qu'ils envoyaient étudier à l'Université [19]; si dans les occasions ils en élevaient quelques autres, selon l'esprit et pour le service de leur institut, ils s'occupaient, principalement et avant tout, de la prédication, des missions, de la confession des personnes du dehors, du service des deux chapelles de Saint-Sauveur et de Saint-Aubin, que leur avait cédé le Chapitre de Saint-Étienne, et des autres fonctions du ministère extérieur [20]. Or, cette diversité d'emplois et d'occupations absorbait presque leur attention et leur temps, et ne leur faisait regarder l'éducation si importante des jeunes clercs que comme une œuvre purement accessoire, et qui se bornait le plus communément, d'après les ordonnances, aux exercices spirituels des ordinands, dont les Archevêques, faute de mieux, étaient forcés de se contenter.

Déjà quelques Evêques de France, sentant l'insuffisance de ces exercices pour la bonne éducation de leurs clercs, avaient réussi à établir des Séminaires proprement dits, c'est-à-dire, des maisons ecclésiastiques dirigées suivant la forme et les règles prescrites par le Concile de Trente. Mgr de Montpezat voulut suivre les traces de ses collègues, et ne trouvant pas sans doute dans l'institution de Caraman les éléments propres à remplir ses vues, il confia aux RR. PP. Jésuites le Séminaire du Diocèse, fondé en 1684, ainsi qu'on le verra dans la suite.

Ce fut comme le dernier coup porté à la communauté des Prêtres de Caraman. Cependant leur courage ne les abandonna pas. Trente-trois ans d'une existence pénible, mais honorable, leur avaient fait des amis et des protecteurs : il leur survint quelques secours ; on leur fit de nouvelles libéralités ; ils espérèrent pendant quelque temps l'érection d'une cure dans le faubourg, et ils demandaient l'union de ce nouveau bénéfice au Séminaire [21] ; mais, outre que ce n'était pas le moyen d'affermir l'œuvre du Séminaire, leurs démarches restèrent sans résultat. L'établissement chancelait : on chercha à l'étayer. Le supérieur fit des tentatives pour en procurer l'union avec la communauté des missionnaires de Saint-Lazare. De là les vives oppositions des autres maisons de l'institut, et les divisions qui éclatèrent entre elles et le supérieur de Caraman [22] : divisions qui minèrent peu à peu cet établissement, et en préparèrent la chute prochaine. Afin de la prévenir, on chercha à lui donner un nouvel appui, ou plutôt une vie nouvelle, en l'incorporant à la congrégation de Saint-Lazare.

Mgr Michel de Colbert, encore Evêque de Montauban, s'était servi des Prêtres de cette congrégation pour les missions de son Diocèse, et en avait apprécié le mérite. Transféré au siége de Toulouse, il résolut de les établir dans cette ville. Trois Prêtres de Saint-Lazare arrivèrent à Toulouse au mois de septembre 1707, en conséquence d'un concordat conclu à Paris, le 5 mai de cette même année, entre Mgr l'Archevêque et M. Watel, supérieur général de la congrégation. L'unique but du Prélat, exprimé dans cet acte, était d'employer ces trois ecclésiastiques à donner les exercices des missions dans son Diocèse pendant sept mois de l'année, pour la modeste rétribution de cinq cents livres de rente, affectées sur le clergé du Diocèse [33]. Etablis d'abord hors la porte Matabiau, avec le consentement de la ville et après l'enregistrement des lettres patentes obtenues à cet effet, ils continuèrent de remplir avec zèle, pendant quarante-cinq ans, leur pénible ministère auprès des pauvres gens de la campagne, selon l'esprit de leur institut. Cependant le Séminaire de Caraman était sur le point de sa ruine. Mgr de la Roche-Aymon voulut le conserver, et n'y trouvant point des sujets propres à l'éducation des clercs, il fit intervenir, en 1752, l'autorité royale, pour faire passer la direction de ce Séminaire aux Prêtres de Saint-Lazare, en réunissant ces deux communautés dans les bâtiments de Caraman [24]. Mais, averti par une triste et longue expérience, il n'eut garde de mêler ensemble les sujets destinés à différentes fonctions. La maison des Lazaristes continua d'être occupée exclusivement par les missionnaires que la congrégation s'était obligée de fournir au Diocèse ; et le Séminaire, uniquement composé des séminaristes et de leurs supérieurs, demeura fixé dans la maison de Caraman [25]. Il fut transféré, quelques années après, dans les locaux de l'ancien noviciat des Jésuites, sur le quai de la Daurade, auxquels MM. de Saint-Lazare ajoutèrent de nouvelles constructions.

Vers la même époque, et sous l'épiscopat de Mgr de Brienne, les bâtiments de Caraman, abandonnés par les Lazaristes, furent cédés à M. du Bourg, alors Chanoine de la métropole, mort Evêque de Limoges, et à quelques autres prêtres dévoués aux bonnes œuvres. Ils y formèrent, sous le nom du Bon-Pasteur, une communauté destinée à retirer les filles et les femmes reprises de justice, et qui eut, en 1792, le sort de toutes les institutions religieuses.

§ II.

DU SÉMINAIRE DES IRLANDAIS.

Ce Séminaire, établi dans la paroisse de Saint-Pierre-des-Cuisines, fut fondé par la reine Anne d'Autriche, pour l'éducation de douze prêtres irlandais d'origine, qui auraient dessein de travailler ensuite, dans les missions de leur pays, à la conservation et propagation de la foi catholique. Louis XIV confirma cet établissement, et le dota d'une rente de 1,200 livres sur les gabelles du Languedoc, par lettres patentes du mois de décembre 1659 [86].

Une institution semblable existait déjà à Bordeaux, régie par des constitutions ou statuts qui lui étaient particuliers : on les adopta en entier pour le Séminaire qu'on venait de fonder à Toulouse. Outre le serment exigé des élèves, d'obéir à l'Archevêque, comme *premier et principal supérieur*, et de retourner en Irlande pour y prêcher la foi et remplir les autres fonctions du saint ministère, ils reconnaissaient aussi un supérieur immédiat, qui, aux termes des statuts, devait être prêtre et agréé par l'Archevêque. Mais l'élection triennale de ce supérieur devait être faite à la majorité des suffrages de la communauté, à laquelle il devait, chaque année, rendre compte de son administration temporelle [27]. Ce dernier article établissait dans le Séminaire comme une espèce de république, et devint, pour une jeunesse ardente et naturellement amie de l'indépendance, sinon la première cause, du moins l'occasion des désordres qui, pendant longues années, désolèrent cette précieuse institution, et faillirent en amener la ruine.

L'ouverture du Séminaire eut lieu en 1660, et il comptait, l'année suivante, dix élèves irlandais, sous la conduite de M. Daniel Mac Carthy, qu'ils avaient élu supérieur [28]. Celui-ci étant mort à l'expiration de sa supériorité, on lui donna un successeur, qui fut réélu pour trois ans [29]. Mais, avant ce terme, un ferment de discorde travaillait sourdement la communauté : les mécontentements, les murmures éclatèrent, et les choses allèrent à tel point, que Mgr de Bourlemont, Archevêque de Toulouse, par ordonnance du 2 mai 1669, relégua les deux chefs des brigues au Séminaire de Carmaing, les suspendit des fonctions sacerdotales, et les déclara à jamais incapables d'être supérieurs de la maison [30]. Après ce coup d'autorité, le calme parut se rétablir : ce n'était que le présage de plus violentes tempêtes. En 1676, les nouvelles intrigues des séminaristes obligent le supérieur à se démettre, et, contre les prescriptions des statuts, on lui substitue un élève, qui paraît n'avoir été qu'un simple laïque. Mgr de Montpezat obtint sa démission, fit procéder à l'élection d'un autre supérieur [31], et les troubles s'apaisèrent, pour se renouveler quelque temps après.

Afin d'en prévenir le retour, Mgr de Colbert crut devoir attaquer le mal dans sa source, et rendit, le 20 février 1694, une ordonnance, où, après avoir tracé les règles qui lui paraissaient les plus propres à remédier aux abus, il statue en particulier que, désormais, *le supérieur immédiat du Séminaire sera nommé par lui et par ses successeurs* [32]. L'ordonnance est confirmée par lettres patentes du mois d'av.... 895 ; et, le 1er juin 1696, l'Archevêque nomme, en conséquence, pour supérieur, M. Florent Mac Carthy, prêtre irlandais [33]. Dès le lendemain, M. Raby, Vicaire Général de Mgr de Colbert, fait la visite du Séminaire, et constate, par enquête, que, sur douze élèves composant le Séminaire, six seulement y font leur résidence, les autres étant logés dans des maisons particulières ; et que, depuis trois ans, Mac Suyny, qui prétend en être le supérieur, n'y a jamais demeuré, et n'y a pas même couché une seule nuit [34].

Dans cet intervalle, et le 8 juillet 1694, celui-ci avait fait appel comme d'abus, au Parlement de Toulouse, des mesures prises contre lui par Mgr de Colbert, et l'avait même assigné juridiquement devant cette cour. Mais un arrêt du Parlement de Paris déchargea Mgr l'Archevêque de l'assignation, et le Parlement de Toulouse, par son arrêt du 20 septembre suivant, fit défenses aux séminaristes de reconnaître d'autre supérieur que M. Mac Carthy, nommé canoniquement par le Prélat. Cet arrêt est signifié au prétendu supérieur le 13 octobre de la même année, et confirmé par un nouvel arrêt du 2 juin 1697 [35].

Tous ces contre-temps n'intimidèrent pas Mac Suyny, aussi remuant qu'opiniâtre dans la poursuite de ses

desseins ambitieux. Par ses menées sourdes et in-
cessantes, il travailla, sinon à se maintenir dans son
poste usurpé, du moins à obtenir des concessions favorables. D'autre part, il tardait à la Cour de voir la
fin de ces démêlés et de rétablir l'ordre et la paix dans
le Séminaire. On crut y réussir par l'expédient suivant. La supériorité triennale de M. Mac Carthy étant
expirée, le Roi, par lettres de cachet du 14 juillet
1699, chargea M. de Lamoignon, Intendant de la province, de se faire présenter par les élèves du Séminaire, une liste de trois sujets, entre lesquels l'Archevêque choisirait pour supérieur celui qui lui serait
agréable. Cette liste fut ensuite signifiée par l'Intendant au Grand Vicaire de l'Archevêque, qui nomma
M. O'Sihan supérieur du Séminaire [36]. C'était, comme
on le voit, revenir sur ses pas, et consacrer authentiquement en principe la source des désordres auxquels on
voulait remédier : et si jamais on dut reconnaître combien les concessions et les demi-mesures sont impuis-
santes contre les mutineries des inférieurs, ce fut assu-
rément dans ces déplorables circonstances. Cette espèce
de transaction n'eut qu'un résultat passager, et les ca-
bales et les dissensions reprirent leur cours quelques
années après.

On comprit, enfin, que pour les étouffer dans leur
germe, il fallait en revenir au premier moyen employé
d'abord par le sage Archevêque de Colbert ; et le Roi
rendit, en son Conseil, l'arrêt dont voici les dispositions :

« LE ROY ÉTANT INFORMÉ... que le Séminaire des
» Irlandais (établi dans la ville de Toulouse) qui n'a
» jamais eu des règlements particuliers, a été gouverné
» jusqu'à présent, en partie, suivant des statuts ci-devant
» faits pour une pareille maison dans la ville de Bor-

» deaux , et que lesdits statuts ne convenant point en
» plusieurs chefs audit Séminaire de Toulouse , il s'en
» est suivi de grands inconvénients qui ont causé dans
» tous les temps des dissensions considérables entre les
» séminaristes et leurs supérieurs ; en sorte que cet
» établissement ne produit pas tout le bien qu'on en
» attendait pour la Religion , faute d'être gouverné par
» des règlements plus convenables, et Sa Majesté dési-
» rant suivre les vues du Roy son bisayeul , et effec-
» tuer autant qu'il est en elle ses pieuses intentions ;
» Ouy le Rapport, LE ROY ÉTANT EN SON CONSEIL , a
» ordonné et ordonne que par les sieurs Archevêque de
» Toulouse et de Bernage de Saint-Maurice , Inten-
» dant de justice , police et finances en la province de
» Languedoc , que Sa Majesté a commis et commet à
» cet effet , il sera pris connaissance de l'état du Sé-
» minaire de Sainte-Anne , établi dans la ville de Tou-
» louse pour l'éducation des ecclésiastiques irlandais ,
» et dressé par eux tous statuts et règlements néces-
» saires pour la bonne administration et conduite de
» ladite maison ; et cependant , par provision , et en
» attendant que lesdits règlements aient été faits , Sa
» Majesté a ordonné et ordonne que le sieur Archevê-
» que de Toulouse commettra pour supérieur dudit
» Séminaire celui qu'il jugera à propos pour en exercer
» les fonctions. Enjoint Sa Majesté aux Irlandais dudit
» Séminaire d'obéir aux sieurs commissaires en tout
» ce qu'ils trouveront bon d'ordonner pour l'exécution
» du présent arrêt , leur attribuant pour cet effet toute
» Cour et juridiction privativement à tous autres. Fait
» au Conseil d'Etat du Roy, Sa Majesté y étant , tenu
» à Versailles le huitième jour d'avril mil sept cent
» trente. Phelypeaux, signé. Signifié par commission

2

» sur arrêt du même jour, Louis, signé ; et plus bas ,
» par le Roy, Comte de Provence , Phelypeaux ; et
» scellés du sceau de cire jaune [37]. »

En vertu de cet arrêt, et le 14 août de la même année , Mgr de Berton de Crillon , Archevêque de Toulouse , commit par provision M. O'Daly pour exercer
les fonctions de supérieur du Séminaire [38], et par son
ordonnance, datée de Nîmes le 3 février 1731 , il
dressa, de concert avec M. l'Intendant de Saint-Maurice,
de nouveaux statuts en trente-cinq articles , et une nouvelle formule du serment que devaient prêter les élèves
du Séminaire au moment de leur admission. Les principaux articles de ces règlements, écrits en langue
latine , portent en substance : 1° que le Séminaire des
Irlandais, fondé à Toulouse, sera à l'avenir, comme il
l'a été jusqu'à présent , soumis immédiatement à la
juridiction de l'Archevêque de Toulouse , tant pour le
spirituel que pour le temporel ; 2° que les Archevêques
de Toulouse nommeront un premier Supérieur ecclésiastique , distingué par sa science et sa piété, qui
aidera le supérieur de la maison dans son gouvernement , recevra les plaintes des élèves , et par ses soins
et son autorité contiendra dans leur devoir et le supérieur et les séminaristes ; 3° que ce supérieur immédiat
sera nommé par l'Archevêque, et révocable à sa volonté. Les autres articles ne sont, à peu près, que le
développement et l'application des deux précédents, et
la reproduction de plusieurs règles primitives auxquelles
on fait quelques additions, dont l'expérience et les circonstances actuelles faisaient sentir la nécessité [39].

Les choses étaient restées en cet état jusqu'à la translation de Mgr de Crillon au siége de Narbonne. Mgr de
la Roche-Aymon voulut affermir l'œuvre de son prédé

cesseur, en lui imprimant le sceau de la suprême au‑
torité spirituelle. Mais, soit que les statuts dressés
par Msr de Crillon et M. de Saint‑Maurice ne lui parus‑
sent pas assez détaillés pour prévenir de nouveaux abus,
soit surtout qu'il craignît que l'intervention du pouvoir
civil, dans une affaire toute spirituelle, ne suscitât à
Rome des difficultés qui en retarderaient la conclusion
définitive, le sage Prélat retoucha les constitutions et
leur donna une nouvelle forme. L'autorité de l'Arche‑
vêque s'y montre toute seule, et on n'y fait même au‑
cune mention de la puissance séculière [10]. Cependant,
le siège ayant vaqué par la translation de Msr de la
Roche‑Aymon à l'archevêché de Narbonne, les Vicaires
Généraux capitulaires légitimement députés approuvè‑
rent ces constitutions; elles furent en outre confirmées
le 3 novembre 1753, par Msr de Crussol d'Uzès,
Archevêque de Toulouse [11], délégué à cet effet du
Pape Benoît XIV, en vertu d'un bref de Sa Sainteté,
du 31 août précédent [12]. L'autorité royale intervint
pour en ordonner l'exécution, et les lettres patentes
données à cet effet au mois de février 1754, furent
enregistrées au Parlement de Toulouse, le 20 avril de
la même année [13].

Des mesures si bien concertées amenèrent, enfin,
l'heureux succès d'une œuvre qui avait épuisé le zèle
de six Archevêques de Toulouse. La capacité et la
sagesse de M. O'Héa, qui avait succédé à M. O'Daly
dans la supériorité immédiate du Séminaire, ne con‑
tribuèrent pas peu à assurer la paix et la prospérité
d'un établissement si utile à l'église : à l'époque de la
révolution, les revenus, qui n'étaient auparavant que
d'environ 1,300 livres, s'étaient élevés jusqu'à 9 et
10,000 livres [14].

§ III.

DU SÉMINAIRE DE L'ORATOIRE.

ANNÉE 1680. La congrégation de l'Oratoire de France offre un phénomène étonnant, et peut-être singulier en son genre dans l'histoire de l'Eglise. Le P. de Bérulle, fondateur de cette congrégation, s'était proposé principalement d'élever les jeunes clercs dans les Séminaires. C'est de l'Oratoire que les instituteurs de la jeunesse ecclésiastique, saint Vincent de Paul, le P. Eudes et M. Olier, avaient reçu l'éducation cléricale, et l'esprit de leur vocation pour l'établissement des Séminaires ; et pourtant les Pères de l'Oratoire se sont, le plus souvent, montrés impuissants et sans vocation pour diriger ces saintes communautés. C'est, outre les preuves nombreuses qu'on en pourrait donner, ce qu'on verra se vérifier particulièrement dans la maison qu'ils établirent à Toulouse, au commencement du XVIIe siècle.

Jamais communauté ne mérita moins le nom de Séminaire. Aucun monument ne nous apprend qu'elle se soit occupée, dès l'origine, de la direction des jeunes clercs. Il est même constant, d'après les titres primitifs, que les Pères de l'Oratoire n'eurent d'autre but, en se fixant à Toulouse, que le gouvernement de la paroisse de Notre-Dame de la Dalbade. Un accord, du 23 juillet 1610, approuvé par le Cardinal de la Valette, Archevêque de Toulouse, entre les Pères de cet institut et les fabriciens de la Dalbade, se borne à régler le service de la paroisse [45]. La bulle du Pape Urbain VIII, du 3 août 1624, confirme simplement l'union de la cure à la congrégation. Il ne paraît aucune trace de Séminaire, ni dans l'acte d'achat de la première maison de ces Pères, du 22 juillet 1626 [16], ni dans l'arrêt du Parlement de Toulouse, confirmatif de l'union quant aux effets civils, du 24 avril 1652 [17]; ni dans l'arrêt du Conseil d'Etat, du 22 juillet 1686, qui assure seulement l'inamovibilité perpétuelle de l'union des cures, et nommément de celle de Toulouse, à la congrégation de l'Oratoire [18].

Toutefois, avant cette dernière époque, et dès 1680, les Pères de cette communauté songèrent à y réunir quelques aspirants à l'état ecclésiastique, non pas tant dans la vue de les former à la cléricature, que pour l'avantage qu'ils en pourraient tirer dans le service de la maison, et surtout de la paroisse [19]. Ils y assistaient en habit de chœur à tous les offices, en exerçaient les cérémonies, et contribuaient à la pompe du culte divin. A cela semblait se réduire le zèle des instituteurs et celui des élèves ; et l'on comprend assez ce que devenaient les études, sous un pareil régime. Une fois engagé dans cette fausse route, le nouvel établissement ne pouvait que languir et se traîner péniblement. En vain on essaya de lui donner un certain relief, en l'isolant du presbytère, et en le plaçant dans une maison spéciale dont on avait fait l'acquisition : on ne montra pas plus d'empressement à entrer dans cette petite communauté. D'ailleurs, le Séminaire de Caraman, toujours chancelant, malgré ses trente ans d'existence et la faveur des Archevêques de Toulouse ; le Séminaire du Diocèse, encore en projet, mais qu'on s'attendait à voir éclore bientôt et grandir rapidement sous la conduite des PP. Jésuites, étaient loin de promettre un avenir prospère au Séminaire à peine naissant de l'Oratoire.

Le Père Visiteur le comprit aisément ; l'achat de la maison destinée au Séminaire lui parut une mauvaise spéculation en économie ; et il ne put dissimuler ses craintes sur le succès d'une entreprise qui lui semblait hasardée [50]. On laissa dire le P. Visiteur, et l'expérience montra que ses appréhensions n'étaient pas chimériques.

Trois ans après l'érection du Séminaire, c'est-à-dire en 1685, on avait obtenu du P. Général la permission de recevoir des ecclésiastiques pour les élever selon l'esprit de l'institut, et les y admettre, après que le P. Général ou le Visiteur aurait examiné et reconnu leur vocation [51]. On espérait par là grossir le nombre, toujours fort restreint, des séminaristes, et ranimer la piété parmi eux. Il fut même question de les assujettir aux règlements du Séminaire de Saint-Magloire de Paris [52]. On ajoute que, pendant un certain temps, la communauté parut s'améliorer sensiblement. Mais, soit que cette amélioration fût réelle, soit qu'elle n'existât que dans l'esprit et le langage d'un parti que nous ferons bientôt connaître, la suite ne répondit pas à ce commencement. Un auteur contemporain nous a décrit brièvement la situation de l'Oratoire à Toulouse en 1751 et les années antérieures. « Cette maison, dit-il, a passé » *pendant quelque temps, auprès de certains Évêques,* » *pour un Séminaire ; elle n'en a plus aujourd'hui que* » *le nom.* Ceux qui devraient en être les directeurs, » sont assez occupés à desservir la cure de la Dal- » bade [53]. »

Cette observation à mots couverts était alors assez comprise des lecteurs. Au vice radical de l'organisation du Séminaire était venu se mêler insensiblement le poison mortel des nouveautés. Les doctrines de Jansénius et de ses disciples avaient gagné comme la gangrène dans la congrégation , et ce mauvais levain fermentait dans la maison de Toulouse. L'erreur s'y fortifia , surtout pendant les dernières années qui précédèrent la catastrophe de 1791. Les Pères avaient alors la direction d'une presse secrète d'où sortait une *Gazette ecclésiastique* consacrée à propager les dogmes et à défendre les intérêts de la secte ; les anecdotes satiriques, les épigrammes, les pamphlets contre les adversaires n'y étaient pas épargnés. De la ville , la feuille janséniste était répandue dans les campagnes et dans les diocèses voisins. Le Séminaire était , de plus, le refuge assuré des ecclésiastiques renvoyés des autres Séminaires. Ils y jouissaient d'une assez large liberté ; la régularité extérieure n'y était pas scrupuleusement observée ; on y trouvait une agréable distraction de la retraite et du sérieux des études dans des sorties multipliées , que nécessitaient les fonctions cléricales auxquelles les élèves étaient invités dans les paroisses étrangères ; et surtout par les offices, les cérémonies, les processions, les saluts, les sermons et autres exercices fréquents de leur propre paroisse , auxquels les règlements les obligeaient d'assister. Il n'en fallait pas tant pour discréditer et ruiner entièrement dans l'esprit des gens sensés un tel Séminaire. Aussi était-il très-peu nombreux, au moment de la révolution. Elle vint à temps l'ensevelir sous ses ruines avec quelque honneur, et le sauver de la honte d'une mort naturelle : sort presque inévitable des communautés qui s'écartent, sous de spécieux prétextes, des règles sagement posées par l'Eglise , et du but essentiel de leur institution.

§ IV.

DU SÉMINAIRE DU DIOCÈSE,
DIRIGÉ PAR LES PÈRES JÉSUITES.

ANNÉE 1684.   L'établissement des Séminaires étant , sans
contredit, l'œuvre la plus excellente et la plus utile
à l'Eglise, il n'en est pas qui ait éprouvé plus de difficultés et de retards dans son exécution. Cent vingt
ans s'étaient écoulés depuis le Concile de Trente , et à
peine quelques Evêques de France étaient-ils parvenus,
après bien des obstacles et de pénibles essais , à fonder dans leurs diocèses ces saintes institutions [54]. Les
décrets du Concile de Toulouse de 1590, qui en ordon-
naient l'érection dans toute la province, n'eurent aucun
résultat ; et le zèle de MM^{grs} de Montchal, de Marca et
de Bourlemont pour la réforme du clergé, n'avait point
eu , comme on vient de le voir, le succès qu'ils s'en
étaient promis. Les choses étaient restées sur ce pied
pendant plus de vingt ans, lorsque enfin Mgr Montpezat
de Carbon résolut de fonder le premier Séminaire di-
gne de ce nom qu'ait eu la ville de Toulouse, et le seul
authentiquement reconnu pour Séminaire du Diocèse.

Les PP. Jésuites venaient d'être autorisés par la
congrégation générale du 21 juin 1683 , à se charger
de l'éducation des clercs dans les Séminaires [55].
Mgr l'Archevêque offrit à ces Pères la direction de celui
qu'il voulait ériger ; l'offre fut acceptée , et les articles
de ce contrat arrêtés par acte du 24 avril 1684.

Aux termes de ce concordat, Mgr l'Archevêque,
« considérant, ainsi que le Concile de Trente l'a re-
» marqué, qu'il n'y a rien de plus important à l'Eglise

» que la bonne éducation qui se donne, dans les Sémi-
» naires bien réglés, à ceux qui doivent se consacrer
» au service des autels, confie la conduite du Sémi-
» naire qu'il établit, par permission de sa Majesté, dans
» la ville de Toulouse, aux RR. PP. Jésuites, faisant
» pour eux le P. Pierre Allemand, Provincial, et
» le P. Louis Duranty, Recteur du collége de Tou-
» louse, aux conditions suivantes : »

1° Ledit Séminaire est uni et conjoint à perpétuité
au collége desdits PP. Jésuites, et n'en sera distingué
qu'à l'égard des directeurs et autres sujets nécessaires,
qui seront choisis par le P. Provincial, et agréés par
Mgr l'Archevêque.

2° Les séminaristes et les Ecclésiastiques séculiers
qui pourraient être employés dans le Séminaire, demeureront sous la juridiction et correction de Mgr l'Archevêque ; et non les PP. Jésuites, qui ne prétendent nul-
lement déroger à leurs priviléges.

3° Les pensions des séminaristes seront réglées par
Mgr l'Archevêque, et ne pourront pourtant être au-
dessous de 12 livres par mois [56].

4° Il sera choisi un lieu, le plus commode qu'il se
pourra, pour y loger les séminaristes et les directeurs
du Séminaire.

5° Pour la subsistance et entretien des Pères employés au Séminaire, il sera fait une imposition sur le
clergé général du diocèse de Toulouse, de 1500 liv.
de rente, qui leur sera payée annuellement et d'avance,
jusqu'à ce qu'il y ait 3000 liv. de rente en bénéfices
unis ; laquelle somme de 1500 liv. cessera alors d'être
imposée, à mesure des unions ; de telle sorte pourtant qu'il restera toujours 3000 liv. de rente audit
Séminaire, et sans qu'on puisse diminuer cette somme,

sous prétexte des pensions que les séminaristes y payeront.

6° Si, dans la suite des temps, on venait à ôter la direction du Séminaire aux PP. Jésuites, les bénéfices qui se trouveront pour lors unis audit collége par suite de l'union du Séminaire à cet établissement, ainsi que les biens meubles et immeubles acquis, et les bâtiments construits des libéralités qu'on pourra faire au Séminaire, demeureront toujours unis à la mense dudit collége des Jésuites, comme chose à eux appartenant [37].

Toutes ces conventions ne tardèrent pas à être confirmées par l'autorité royale. Le P. de la Chaise, confesseur de Louis XIV, sollicita et obtint des lettres patentes du mois de juin de la même année [38]. Elles approuvent l'acte d'union du Séminaire au collége des Jésuites; autorisent le Séminaire à accepter tous legs, donations, fondations et aumônes, et accordent le droit d'amortissement pour l'église ou chapelle, maison, cour, jardin et enclos dudit Séminaire. Le P. de la Chaise ajouta à l'envoi des lettres patentes une lettre de change de 1100 livres, adressée au P. Allemand, provincial, le mois d'août suivant, et dont le montant fut employé à l'achat des meubles nécessaires au Séminaire [39]. Les lettres patentes avaient été déjà enregistrées au Parlement de Toulouse, le 18 juillet précédent, et à la Cour des aides de Montpellier, le 27 du même mois [40].

Il ne manquait plus à l'entière conclusion de cette importante affaire que le concours du clergé du diocèse, qui, d'après le concordat, devait contribuer pour une portion notable à la subsistance et entretien des directeurs du Séminaire. Par délibération du 18 août suivant, le Clergé arrêta que l'acte de fondation et les lettres patentes seraient exécutés selon leur teneur, et que les 1500 liv. de pension à prélever sur le clergé seraient payées par lui. Il s'éleva, au commencement et dans le cours du siècle suivant, de graves et longues contestations, soit sur l'interprétation de la clause concernant les honoraires des directeurs du Séminaire, soit à raison de la taxe des impositions sur l'archiprêtré de Caraman uni au Séminaire, soit enfin pour l'acquit des droits de directe réclamés par le chapitre Saint-Etienne et par les PP. Chartreux.

Mᵍʳ de Montpezat n'attendait qu'une occasion pour unir quelque bénéfice vacant au Séminaire qu'il venait d'établir, conformément à l'art. 5 du concordat ; elle ne tarda pas à se présenter. M. Maffre de Puybusque, titulaire de l'archiprêtré de Caraman, et M. de Thomas, conseiller-clerc au Parlement de Toulouse, étaient depuis longtemps en procès, à raison du possessoire de ce bénéfice. Par suite des négociations du P. syndic des Jésuites, les contendants terminèrent enfin leur différend, en faisant tous deux la démission de l'archiprêtré entre les mains de Mᵍʳ l'Archevêque, par actes séparés, des 7 et 20 janvier 1685 [61] ; et le 10 février suivant intervint un décret du Prélat qui unit à perpétuité l'archiprêtré de Caraman au Séminaire du Diocèse, avec réserve d'usufruit en faveur du titulaire et d'une portion congrue au vicaire perpétuel et à deux prêtres chargés de l'aider dans la desserte de cette église [62].

Le décret d'union, quoique confirmé par lettres patentes du mois d'avril suivant, ne laissa pas dans la suite d'exciter de nouvelles réclamations qui, à force d'incidents, ne furent terminées que trente-cinq ans après, par de nouvelles lettres patentes du mois de février 1720, enregistrées au grand Conseil le 26 avril de la même année [63]. Cette union ne fut même pas définitive. Un décret rendu p.. Mgr de Brienne, cinquante ans après, réunit de nouveau à l'archiprêtré de Caraman les fruits de ce bénéfice.

Cependant, dès le 22 janvier 1685, les PP. Jésuites avaient loué, pour neuf ans, une maison petite et très-incommode dans la rue des Coffres, faisant coin à celle des Hauts-Murats, près de la Sénéchaussée [64]. Ce fut l'humble berceau du premier Séminaire du Diocèse de Toulouse. Mais, en retour, rien ne fut oublié pour solenniser le mieux possible la fête de son ouverture. Elle eut lieu le 19 mars, jour de saint Joseph, patron de Mgr l'Archevêque. L'illustre Prélat bénit la chapelle, y célébra la sainte Messe, et conféra, *extra tempora*, l'ordre de la prêtrise à un diacre, en vertu des pouvoirs obtenus du souverain Pontife [65]. On put commencer les exercices de la retraite d'entrée le 1er avril [66]; et, au moyen d'une autre maison voisine, qui fut louée le 12 septembre suivant, les bâtiments furent en état de recevoir vingt à trente élèves pendant le premier semestre, et, dans la suite, jusqu'à soixante-cinq [67]. Le Séminaire n'occupa, toutefois, ces maisons que l'espace de trois ans, ayant été transféré dans un local plus vaste et plus commode [68].

Il existait alors à Toulouse une communauté de filles appelées de l'*Enfance*, établie dans une maison connue sous le nom de *Labastide*, dont la célèbre dame de Mondonville était la supérieure [69]. Devenue le rendez-vous des plus chauds jansénistes de la contrée, et le foyer de cette secte audacieuse et turbulente, elle avait été supprimée par arrêt du Conseil du 12 mai 1686, et par ordonnance de Mgr de Montpezat, Archevêque de Toulouse, du 2 juin de la même année. Un nouvel arrêt du même Conseil, du 7 octobre 1687, ordonna la vente de la maison et de tous les biens de cette communauté [70].

C'était là que la Providence avait résolu d'établir définitivement le Séminaire du Diocèse, conduit d'abord par les PP. Jésuites, et après eux par les Prêtres de Saint-Sulpice, deux compagnies qui ont le plus efficacement travaillé à extirper le jansénisme en France. L'adjudication de la maison de *Labastide* fut faite au prix de quinze mille quatre cent vingt livres, le 3 juillet 1688, par MM. de Colbert et de Lamoignon, commissaires nommés par l'arrêt du Conseil du 7 octobre, en faveur du syndic du collége des Jésuites, auquel le Séminaire avait été uni. Les RR. PP. entrèrent aussitôt en possession de la maison, et les séminaristes l'occupèrent dès que les réparations furent terminées [71].

Mgr de Montpezat n'avait survécu qu'environ trois ans à la fondation de son Séminaire, étant mort le 27 juin 1687 [72], et n'avait pas eu la consolation d'en voir la translation dans la maison de *Labastide*, Ses fréquentes infirmités et les sollicitudes continuelles qui accompagnèrent son épiscopat, ne l'avaient pas empêché, encore convalescent, de tenir son synode en 1677, et d'y publier des ordonnances pleines de sagesse [73]. On y remarque principalement un zèle éclairé, vigilant et actif pour la réforme et la perfection de son clergé. C'est le premier Archevêque de Toulouse qui, dans les règles qu'il trace d'une main douce et ferme tout ensemble aux jeunes clercs de son diocèse, soit entré dans ces détails minutieux pour les esprits légers ou médiocres, mais qui révèlent aux gens sages l'administrateur habile et expérimenté [14].

· Les Prélats ses prédécesseurs s'étaient bornés à renouveler les prescriptions du droit canonique sur les qualités des ordinands, qu'il était bien difficile de connaître et d'apprécier, depuis que les clercs avaient cessé d'habiter la maison épiscopale, selon l'ancienne coutume. Les statuts de Mgr du Rosier, de 1452, se contentaient d'ajouter que les ordinands ne se présenteraient, surtout aux ordres sacrés, qu'après avoir confessé leurs péchés à un prêtre ayant pouvoir de les absoudre [15]. Plus d'un siècle après, le Concile provincial de 1590, après avoir indiqué les moyens de s'assurer des qualités des ordinands, prescrivait simplement que la veille de l'ordination on leur ferait un discours sur la dignité et l'excellence du sacrement de l'ordre, sur la préparation qu'il faut y apporter, les obligations qu'il impose, les empêchements, etc. [16]. Les règles même qu'on y donne pour les Séminaires à établir, ne marquent d'autre exercice spirituel spécialement propre aux Séminaristes, qu'une pieuse exhortation, qui leur sera faite chaque dix jours, sur les vices, les vertus, et les autres sujets les plus nécessaires à l'éducation cléricale [17]. Dans la suite, Mgr le Cardinal de Joyeuse publia une ordonnance et des instructions où il exige de ceux qui aspirent à la cléricature, des attestations de leur curé et maître d'école, touchant leurs mœurs, leur piété, l'exercice de leurs fonctions et la fréquentation des sacrements; il avertit aussi ceux qui seraient admis à la tonsure, de se confesser et de communier le jour de l'ordination, et prescrit aussi la communion aux clercs qui se présentent aux ordres mineurs [18]. Mgr de Montchal s'en tint à renouveler ces prescriptions, en y faisant quelques légères additions, par ses ordonnances des 0 juillet 1628 et 13 septembre 1630 [79].

Ces règlements parurent insuffisants à M&r de Marca; il résolut, de plus, de n'admettre à l'examen les aspirants aux ordres sacrés qu'après un séjour d'un mois dans un Séminaire avant chaque ordination [80]; jusqu'à ce qu'enfin, en 1661, M&r d'Anglure de Bourlemont ordonna, en outre, un séjour de dix jours au Séminaire pour les ordres mineurs, et étendit à six semaines le séjour d'un mois qui devait précéder la réception du sous-diaconat, avec obligation « d'apporter une attestation du directeur du Séminaire, tant du temps que les clercs y auraient été, que de leur piété et bonne conversation [81]. »

Telle était la discipline du diocèse avant l'érection du Séminaire par M&r de Montpezat. De nouvelles précautions, et une plus longue épreuve dans le Séminaire, avant les ordinations, lui semblèrent nécessaires à la réforme de son clergé et à l'éducation moins incomplète des jeunes clercs. Il crut, en conséquence, devoir publier, dans le synode de 1677, des règlements plus propres à atteindre ce but, et dont voici les principales dispositions :

« 1° Nous ordonnons à tous ceux qui se croiront appelés de Dieu à la tonsure et aux ordres, de se présenter à nous longtemps avant l'ordination pour être examinés et envoyés au Séminaire s'ils en sont trouvés capables et de la qualité requise;

» 2° Nous déclarons que nous n'admettrons à la *tonsure* que ceux qui auront passé *du moins un mois* dans le Séminaire, et y auront donné des marques de piété; en sorte que nous ayons lieu de nous assurer de la pureté de leurs intentions et de leur véritable vocation.

Ils ne seront pas admis dans le Séminaire s'ils ne nous apportent leur baptistaire, avec une attestation de vie et mœurs, de leur curé et du préfet du collége où ils étudieront;

» 3° Ceux qui auront reçu la tonsure ne seront point admis aux ordres s'ils ne nous apportent une attestation de leur curé et préfet du collége, par laquelle il nous apparaisse qu'ils ont porté la tonsure, les cheveux courts et le petit collet, les habits noirs et la soutane longue, et qu'ils ont assisté aux offices divins, servi les messes avec le surplis, fréquenté les sacrements, et donné des marques de leur piété et de leur vocation à l'état ecclésiastique;

» 4° Nous déclarons que nous n'admettrons aux *quatre moindres* que ceux qui auront demeuré *au moins deux mois* dans le Séminaire; au *sous-diaconat*, que ceux qui y auront passé *six mois;* au *diaconat*, que ceux qui y auront été *trois mois;* à la *prêtrise*, s'ils n'y ont demeuré *quatre mois*, et s'ils ne nous rapportent un certificat du directeur du Séminaire, qui rende témoignage de la manière qu'ils ont vécu; en sorte qu'on puisse juger, autant que la fragilité humaine le peut-permettre, qu'ils sont dignes d'être promus aux ordres [82]. »

Suivent les dispositions concernant le titre patrimonial, la publication, etc.

La sagesse de ces règlements détermina Mgr de Colbert, successeur immédiat de Mgr de Montpezat, à les adopter et à les transcrire littéralement, sans y rien changer, dans son synode de 1696 [83]. Nous les retrouvons encore, avec quelques modifications peu importantes, dans les ordonnances de Mgr de Crillon, publiées au synode de 1720 [84].

Quant aux épreuves relatives à la science des ordinands, nous ne voyons pas qu'à l'exception des examens prescrits par les lois canoniques pour constater
la capacité des sujets, les ordonnances de Mgr de Montpezat et de ses prédécesseurs jusqu'à Mgr de Joyeuse,
aient rien déterminé en détail sur cet objet. Le Concile provincial de 1590 avait statué qu'on expliquerait
aux élèves des Séminaires à établir dans chaque diocèse, le Catéchisme Romain ou du Concile de Trente,
les rits sacrés et les cérémonies, un abrégé de l'Histoire ecclésiastique ; et de plus, qu'on les exercerait,
dans l'intérieur de la maison, au ministère de la prédication [85]. Mais le Concile s'était réservé de régler ulté-
rieurement la méthode et la forme à suivre dans les examens des ordinands. En conséquence, Mgr de Joyeuse
rendit une ordonnance, qui indépendamment des règles
prescrites aux examinateurs, indique, en peu de mots,
les matières absolument indispensables de ces examens.
Nous donnerons ici un extrait de cette ordonnance :

« *Pour la tonsure.* Il faut voir si les aspirants savent lire et écrire, et la doctrine chrétienne, et répondre
à la Messe. »

« *Pour les ordres mineurs.* Il faut savoir s'ils ont
commencé à apprendre la grammaire, et entendent le
latin, et s'ils savent chanter. »

« *Pour le sous-diaconat et le diaconat.* S'ils savent
dire leur office, s'ils entendent et comprennent bien ce
qui est du vœu de continence qui est conjoint à leur
ordre ; s'ils entendent bien la différence qu'il y a entre
les ordres majeurs et les mineurs ; et s'ils sont bien
versés dans la doctrine des Sacrements, et la lecture
du Catéchisme du Concile. »

« *Pour la prêtrise.* Il les faut interroger, qu'est-ce

que le sacrifice de la Messe, les effets, les parties, les mystères qui y sont compris, les doutes et défauts qui y peuvent survenir [85]. » Observons qu'il ne s'agit que des prêtres auxquels on ne confie point encore le ministère de la confession. On ajoute enfin les *interrogatoires* à subir par les confesseurs, avant leur approbation [87].

Mgr de Crillon retraça, dans ses ordonnances synodales de 1720, les règles prescrites sur ce même sujet par ses prédécesseurs MM^{grs} de Montpezat et de Colbert; mais il crut devoir étendre la matière de l'examen pour les ordres sacrés : les règlements qu'il dressa pour le Séminaire portent, art. 4 : « Ceux qui se présenteront pour les ordres sacrés, à l'examen de l'ordination, seront interrogés sur les traités de morale qui leur auront été expliqués aux conférences du Séminaire, et sur quelques autres traités de théologie qu'ils auront appris avant d'entrer au Séminaire [88]. »

Ce fut encore sous l'épiscopat de Mgr de Crillon que le Séminaire du Diocèse prit de nouveaux accroissements. Depuis la translation de cet établissement dans la maison de l'*Enfance*, les PP. Jésuites avaient acquis plusieurs maisons contiguës, et une partie des bâtiments du nouveau Séminaire était déjà construite, lorsque Mgr l'Archevêque, assisté de trois de ses Grands Vicaires, bénit la chapelle, sous l'invocation de Saint Charles-Borromée, le 10 décembre 1737 [89].

Non content d'exercer son zèle à l'égard de ses jeunes clercs, Mgr de Crillon l'étendit encore au clergé de ses paroisses. Persuadé que rien n'est plus propre à conserver ou à ressusciter l'esprit sacerdotal que les retraites annuelles, il essaya d'établir ces pieux exercices dans son diocèse. Le Prélat en fit l'ouverture, dans son Séminaire, le 26 août 1738, par un discours sur ce sujet. Il s'était même proposé d'assister à plusieurs de ces exercices; mais ayant été empêché par quelque incommodité, il chargea M. de Murasson, son premier Grand Vicaire, d'en faire la clôture. La retraite se fit avec la plus exacte régularité; les Ecclésiastiques en sortirent très-satisfaits, et demandèrent qu'on la renouvelât chaque année. On remarque pourtant qu'il ne s'y trouva que trois curés et quelques vicaires du diocèse; mais on prétendit que ce petit nombre de prêtres du diocèse devait être imputé au temps inopportun et incommode fixé pour ces exercices [90].

On ne trouve rien de remarquable touchant ce Séminaire depuis 1738. Les PP. Jésuites continuèrent avec activité les constructions qu'ils avaient commencées vers cette même époque, et l'extérieur des trois corps composant ce bel édifice fut à peu près terminé en 1750 [91]. Ils ne devaient pas jouir longtemps des fruits de leurs pénibles et honorables travaux. Les arrangements intérieurs du Séminaire étaient à peine achevés, qu'ils furent contraints de tout abandonner. L'heure de la puissance des ténèbres arrivait, et le premier signal de la persécution du clergé était donné. On commença par les Jésuites : les maisons que ces religieux possédaient à Toulouse furent supprimées par l'autorité séculière ; un arrêt du Parlement de Toulouse, du 19 juin 1762, ordonna un inventaire des biens appartenant à la société, et la mise sous la main du Roi, de la maison, Séminaire, édifices et jardin en dépendants, aussi bien que de toutes les créances, titres, papiers, livres, meubles et effets qui se trouvaient dans lesdites maisons, et énoncés dans l'inventaire dressé par les commissaires du Parlement. La saisie fut en effet exécutée le 25 du même mois de juin ; on en excepta pourtant tous les objets à l'usage du service divin, qui furent confiés à la garde des séquestres, pour être représentés quand il en serait ordonné par la Cour. Une copie de cet acte fut affichée à la porte principale du Séminaire et à celle de l'Eglise de Saint-Pierre, et signifiée tant aux séquestres qu'au R. P. Latour, dernier supérieur du Séminaire, en la personne du P. Dizols qui en était syndic. On fera connaître plus tard la nouvelle destination de cet édifice [92].

§ V.

DU SÉMINAIRE DE SAINT-CHARLES,

DIRIGÉ PAR LES PRÊTRES DE LA COMPAGNIE DE SAINT-SULPICE.

Année 1739. Le Séminaire du Diocèse, fondé par Mʳ de Montpezat, en 1684, ne pouvait suffire à l'éducation des jeunes clercs ou aspirants qui, à l'époque où nous sommes arrivés, affluaient à l'Université de Toulouse de tous les points du Languedoc et des provinces voisines, pour y faire leurs études et y prendre les grades en théologie. Logés chez les particuliers, où ils prenaient aussi leur nourriture, quelquefois réunis en chambrées et vivant à frais communs, leurs mœurs et leur piété étaient loin de répondre à la sainteté de leur vocation. Pour remédier à ce désordre, Mʳ de Crillon eut l'heureuse inspiration d'établir dans sa ville archiépiscopale un second Séminaire. La Providence lui en fournit le principal moyen, en suscitant un homme rempli de zèle pour la réforme du clergé, et orné de toutes les qualités nécessaires pour cette mission importante. C'était M. Antoine de Calvet [93], prêtre, issu d'une famille noble des plus anciennes de Toulouse [94], et avantagé des biens de la fortune ; possédant dans un degré éminent les vertus de son état, et surtout celles de détachement et de pauvreté évangélique [95]; d'un jugement exquis [96], d'un caractère actif, et d'une constance que rien n'était capable d'arrêter dans la poursuite d'un dessein bien conçu et sagement entrepris ; doué enfin d'une éloquence nerveuse, parfois vive et entraînante [97], et d'une vigueur de tempérament à l'épreuve des plus rudes fatigues. Il ne paraît pas toutefois, qu'il eût manifesté, dès sa première jeunesse, l'intention d'embrasser l'état ecclésiastique. Il suivait les cours de la Faculté de droit, et les exercices d'escrime, dans lesquels il s'était acquis de la réputation [98], lorsqu'il se sentit porté à se consacrer à Dieu et à l'œuvre par excellence qui fit toute son occupation le reste de sa vie. Son coup d'essai fut de réunir, avec l'approbation de ses supérieurs, dans les galetas de l'hôtel de son père, trésorier de France à Toulouse, un certain nombre de jeunes aspirants au sacerdoce. Ils y vivaient dans le recueillement et l'application à l'étude, vaquaient ensemble aux exercices de piété propres de leur vocation, et assistaient, les dimanches et fêtes, aux offices de la paroisse Saint-Michel, la plus voisine de la Trésorerie [99].

Mais ce n'était là qu'un petit commencement des grandes entreprises de ce genre auxquelles M. de Calvet était destiné. Les succès que Dieu lui donna, encouragèrent le pieux réformateur, et le déterminèrent à acquérir quelques chétives maisons, près de l'Eglise abbatiale de Saint-Sernin, où il donna la première forme à l'établissement qu'il projetait [100]. Il y ajouta ensuite un corps composé de trois étages, en torchis, pour le logement des Philosophes : telle fut l'origine du premier

Séminaire de la compagnie de Saint-Sulpice, à Toulouse [101]. On l'appela Séminaire de Saint-Charles; il fut aussi nommé Séminaire commun, parce qu'on y recevait plus ordinairement les Ecclésiastiques des évêchés du Languedoc et des provinces voisines.

Les bénédictions que Dieu continuait à répandre sur l'œuvre de M. de Calvet, inspirèrent à Msr de Crillon, Archevêque de Toulouse, le dessein de la consolider. De concert avec plusieurs Evêques de la province et des diocèses voisins, il sollicita du Roi des lettres patentes pour l'établissement du Séminaire de Saint-Charles, lesquelles lui furent accordées au mois de juin 1738; mais quelques difficultés élevées avant la translation de Msr de Crillon à l'Archevêché de Narbonne, s'opposèrent à leur enregistrement [102].

Msr de la Roche-Aymon venait de succéder à Msr de Crillon sur le siége de Toulouse. Son premier soin avait été de solliciter de nouvelles lettres patentes, qu'il obtint en effet au mois de novembre 1741 : elles ordonnent l'enregistrement des premières, et toutes deux furent enregistrées au Parlement de Toulouse, le 3 avril de l'année suivante [103]. Mais pour affermir de plus en plus une institution si utile non-seulement à son Diocèse, mais à ceux des provinces circonvoisines, Msr l'Archevêque demanda encore et obtint de troisièmes lettres patentes, datées du mois de mai 1744, enregistrées le 11 septembre suivant. Elles autorisent le supérieur et les directeurs du Séminaire de Saint-Charles à acquérir un emplacement plus étendu que celui de la maison qu'ils occupaient, et autant qu'il sera nécessaire pour le logement du Séminaire, et, en outre, à recevoir par legs, donations ou autrement, jusqu'à concurrence de 80,000 livres [104].

M. de Calvet ne tarda pas à profiter de cette autorisation pour se dépouiller, en faveur du Séminaire dont il était le fondateur, d'une partie de sa fortune. Dans un même jour, 25 juillet 1745, par acte devant Pratviel, notaire à Toulouse, il fit donation au Séminaire, 1° d'un domaine appelé la Cipière, qui devint la maison de campagne de cet établissement; 2° d'autres biens immeubles situés à Paulhac; 3° de rentes foncières et censives; 4° enfin, d'un capital de 20,000 livres en rentes constituées : tous ces biens d'un revenu de 4,000 livres au capital de 80,000 liv. [105].

Ces beaux commencements présageaient à l'œuvre du Séminaire un nouveau surcroît de prospérité. Mais le zèle éclairé et prévoyant de Msr de la Roche-Aymon, lui fit aisément pressentir que si M. de Calvet venait à lui manquer, le Séminaire ne pourrait se promettre une longue existence, exposé qu'il serait à de fréquents changements de directeurs sans dépendance commune, isolés, et ayant différentes manières de conduire. Il résolut donc de le confier à un corps de communauté qui pût successivement fournir le nombre de sujets propres et nécessaires, et, au besoin, en substituer de nouveaux, élevés dans le même esprit. Dans cette vue, qui était aussi celle de Msr de Crillon son prédécesseur, il appela de Paris, pour aider M. de Calvet dans la direction du Séminaire, un ecclésiastique de la compagnie de Saint-Sulpice, dont la capacité et l'expérience lui étaient très-connues, et il sollicita de M. Cousturier, supérieur de cette compagnie, de se charger du gouvernement du Séminaire de Saint-Charles [106].

M. le Supérieur de Saint-Sulpice et les autres Prêtres représentant la communauté, accédèrent au désir du vénérable Prélat. Un concordat fut conclu entre eux, le 6 juin 1747, devant Brochant et son collègue, notaires au Châtelet de Paris. Comme ce concordat servit, par la suite, de modèle à tous les autres passés entre les Archevêques de Toulouse et les MM. de Saint-Sulpice, il ne sera pas inutile d'en rapporter sommairement les principales conventions.

1° Le Séminaire de Saint-Charles sera administré, tant au spirituel qu'au temporel, par les MM. de Saint-Sulpice de Paris, sous la direction et dépendance de Mgr l'Archevêque de Toulouse et de ses successeurs. Lesdits sieurs de Saint-Sulpice seront obligés d'y tenir continuellement six Ecclésiastiques nommés par le supérieur du Séminaire de Paris, et agréés par ledit seigneur Archevêque.

2° Il sera accordé à chacun des six Ecclésiastiques la somme de cinq cents livres par an, sur les revenus ou épargnes dudit Séminaire, pour leurs honoraires, entretien d'habits et de linge, frais de voyage lorsqu'ils seront envoyés audit Séminaire, et qu'ils en sortiront par les changements qui pourront se faire, et autres besoins.

3° Outre la somme de 500 livres pour chacun des supérieurs ou directeurs, ils seront logés, chauffés, éclairés, blanchis, nourris, tant en santé qu'en maladie, et médicamentés sur le surplus des revenus du Séminaire et de l'économie. Et en cas qu'il fût nécessaire dans la suite, au jugement de Nosseigneurs les Archevêques de Toulouse, qu'il y eût un plus grand nombre de directeurs, on leur donnera pareillement, sur lesdits revenus, à chacun aussi, 500 livres avec le logement, le chauffage, etc., comme il a été dit ci-dessus pour les six autres directeurs. Et si, dans la suite des temps, la somme de 500 livres se trouvait insuffisante pour l'honoraire, entretien et dépenses susdites desdits sieurs supérieurs et directeurs, alors elle serait augmentée, du consentement dudit seigneur Archevêque ou de ses successeurs, à proportion de l'augmentation du prix des choses nécessaires auxdits entretien et dépenses.

4° Lesdits sieurs du Séminaire de Saint-Sulpice, établis à Toulouse, pour justifier de leur bonne administration, rendront, tous les ans, à M⁹ʳ l'Archevêque et à ses successeurs, un compte exact de la recette et dépense des revenus du Séminaire ; et, dans les comptes qui seront rendus, les 500 livres destinées à l'honoraire et entretien de chacun des supérieurs et directeurs seront comprises pour une somme totale dans un seul article de dépense, sans entrer dans le détail de l'emploi qui en aura été fait.

5° A l'égard de la recette et dépense de l'économie, lesdits sieurs de Saint-Sulpice, établis à Toulouse, ne seront point obligés d'en rendre compte ; mais s'il y a du revenant bon, ils l'emploieront de bonne foi au profit du Séminaire.

6° Le supérieur et les directeurs du Séminaire ne pourront être employés, sans un consentement exprès du Supérieur du Séminaire de Saint-Sulpice de Paris, à d'autres fonctions qu'à celles qui regardent le gouvernement du Séminaire et la direction des séminaristes et autres qui demeurent dans ledit Séminaire.

7° Enfin, si M⁹ʳ l'Archevêque ou ses successeurs ne jugeaient plus à propos que lesdits sieurs du Séminaire de Saint-Sulpice de Paris fussent chargés du gouvernement dudit Séminaire de Saint-Charles, ou même si lesdits sieurs en quittaient volontairement l'administration, les parties sont convenues de ne pouvoir prétendre, dans lesdits cas, respectivement, aucuns dommages ou intérêts , sans préjudice toutefois de ce qui resterait dû auxdits sieurs du Séminaire, des honoraires ci-dessus fixés, suivant les comptes qui seront pour lors rendus; sauf aussi à reprendre, par lesdits supérieur et directeurs, les livres, meubles et effets qui leur appartiendraient [107].

Trois ans avant l'époque de ce concordat, c'est-à-dire en 1744, pendant que Msr de la Roche-Aymon sollicitait les lettres patentes pour la dotation du Séminaire de Saint-Charles, il publiait aussi une ordonnance au sujet des clercs et aspirants aux saints ordres. Le zélé Prélat expose d'abord que, parmi les devoirs de la charge pastorale, l'un des plus importants est de veiller sur l'éducation des jeunes clercs, la précieuse espérance, la douce attente de son Eglise. Et après avoir rappelé l'obligation qu'impose le ministère ecclésiastique, à ceux qui en sont revêtus, de se perfectionner dans la science et la piété, et déploré les suites funestes de la vie mondaine ou relâchée de plusieurs d'entre eux, il exhorte ses coopérateurs à seconder ses efforts pour la sanctification de son clergé, à veiller sur tous ceux qui se destinent à l'état ecclésiastique ou qui y sont déjà engagés; il les conjure de redoubler d'attention sur leur conduite, surtout pendant les vacances; de l'en informer exactement, et de ne point souffrir que sa religion soit surprise quand il s'agira d'admettre quelqu'un dans le plus redoutable de tous les états. Enfin, il les presse d'entretenir dans ces jeunes élèves du sanctuaire, autant par les leçons que par l'exemple, le goût et l'amour de l'étude et le zèle pour la perfection [108].

A ces pressantes exhortations, le vénérable Prélat ajoute plusieurs dispositions. Voici les plus remarquables:

« 1° Tous les Ecclésiastiques du Diocèse qui suivent le cours de l'Université devront se présenter, à la fin de l'année, pour subir un examen sur les traités qu'ils auront suivis. Aucun de ceux qui se seront dispensés de cet examen ne sera admis ni dans le Séminaire, ni aux saints ordres.

» 2° Ceux qui à l'avenir se présenteront pour être admis au Séminaire, seront examinés de nouveau sur tous les traités qu'ils auront vus pendant le cours de leurs études, ou sur les matières qui leur auront été désignées en particulier.

» 3° Tous les clercs et aspirants aux ordres, étudiants ou non étudiants dans l'Université, quand même ils habiteraient hors du Diocèse , seront tenus d'instruire Mgr l'Archevêque ou le Grand Vicaire chargé du soin des clercs, au commencement de chaque année classique, du lieu qu'ils habitent et des écoles où ils étudient ; et, en cas de changement d'habitation dans le courant de l'année, ils auront également soin d'en donner avis audit Grand Vicaire.

» 4° Il est ordonné à tous les Ecclésiastiques du Diocèse aspirants aux saints ordres, qui n'habitent pas dans les Séminaires, de se rendre, le premier dimanche de chaque mois, dans la chapelle du palais archiépiscopal, pour assister à une conférence qui se fera sur les matières ecclésiastiques, à quatre heures précises de l'après-midi.

» 5° Mgr l'Archevêque renouvelle tous les articles contenus dans les ordonnances de Mgr de Crillon son prédécesseur, concernant l'admission à la tonsure et aux saints ordres, et termine en exhortant tous les curés de son Diocèse à tenir la main à l'exécution de ces règlements, en ce qui les concerne, et surtout de n'accorder des attestations que d'après l'entière et parfaite connaissance qu'ils auront des sujets qui les leur demanderont. »

Cette ordonnance ·est datée du vingt-deux mars mil sept cent quarante-quatre [109].

Les retraites ecclésiastiques établies par Msr de Crillon, l'avant-dernière année de son épiscopat, avaient été continuées sous Msr de la Roche-Aymon son successeur. Celle de l'année où nous sommes parvenus fut ouverte le 10 septembre, et terminée le 10. Le vénérable Prélat avait témoigné vouloir être à la tête de la retraite; mais ses occupations, quelques incommodités, et son absence lorsqu'elle commença, ne lui permirent pas d'exécuter son dessein. Celle de l'année suivante, 1745, fut plus nombreuse que les précédentes; on y compta trente-deux vicaires et plusieurs curés et autres bénéficiers; en tout, au nombre de quarante-huit, sans y comprendre les séminaristes. Elle eut le plus heureux succès, et l'on parut de plus en plus prendre goût à ces pieux exercices [110].

On a lieu de croire qu'ils continuèrent jusqu'à la dispersion des PP. Jésuites. Il est du moins notoire qu'avant la révolution, l'usage en était si constant dans le Séminaire du Diocèse, que l'époque où ils avaient lieu était invariablement marquée, tous les ans, dans l'*Ordo*, pour la semaine des Quatre-Temps de septembre. Ils étaient donnés par quelques-uns des directeurs du Séminaire du Diocèse et de Saint-Charles, et on les commençait le lundi pour les terminer le samedi suivant.

Vingt-sept ans s'étaient écoulés depuis le concordat conclu entre Msr de la Roche-Aymon et MM. de Saint-Sulpice, au sujet de la direction du Séminaire de Saint-Charles, lorsque Msr de Brienne, persuadé, comme ses prédécesseurs, de l'importance de ce pieux établissement, lui unit, par décret du 10 février 1774, confirmé par lettres patentes du mois de février de l'année suivante, les biens et revenus du prieuré de Pinel, ordre de Grammont [III]. Cependant le Prélat reconnut encore la nécessité de faire à ce premier concordat des changements et additions que les circonstances avaient rendus indispensables, et conclut avec la communauté de Saint-Sulpice de Paris, représentée par M. Bertin, supérieur du Séminaire de Saint-Charles, de nouvelles conventions. Ce second concordat, passé devant Saurine, Notaire à Toulouse, le 30 janvier 1775, contient les articles suivants :

« 1° MM. de Saint-Sulpice s'obligent à tenir dans le Séminaire de Saint-Charles huit directeurs au lieu de six, nombre déterminé par le concordat du 6 janvier 1747.

» 2° Les honoraires de ces huit directeurs sont portés à 600 livres, au lieu de 500 livres assignées précédemment; à condition toutefois, que les revenus du Séminaire pourront suffire à cette augmentation, et qu'on ne pourra exercer aucune répétition sur le montant de ces honoraires, si ce n'est pour les deux dernières années où ils n'auraient pas été payés.

» 3° MM. les directeurs ne seront tenus qu'aux réparations locatives et à l'entretien des meubles, sur les revenus du Séminaire. Quant aux grosses réparations faites avec l'agrément de Mgr l'Archevêque, les frais en seront pris, ainsi que les honoraires des directeurs, sur les revenus du Séminaire; et s'il y a excédant de recette, il sera employé au profit de l'établissement, ou en pensions gratuites en faveur des ecclésiastiques du Diocèse, au choix de Mgr l'Archevêque.

» 1° MM. du Séminaire de Saint-Sulpice de Paris renoncent à tout ce qui peut leur être dû d'arrérages de leurs honoraires, ainsi qu'à la répétition du montant des dettes qu'ils avaient contractées pour la construction des bâtiments du Séminaire, et qu'ils ont acquittées de leurs propres deniers. Ils se proposent, en outre, de faire donation au Séminaire des métairies de Bertrandis et de Paulhac, et, au cas de refus de l'autorisation du Roi à cet effet, d'en donner le prix à Mgr l'Archevêque, pour être placé au profit du Séminaire. Ces donations et renonciations se portent à 209,760 livres, suivant l'état détaillé remis à Mgr de Brienne, qui en a reconnu l'exactitude.

» 5° Dans le cas de renvoi des MM. de Saint-Sulpice par Mgr l'Archevêque, et non au cas d'abandon volontaire de leur part, de la direction du Séminaire de Saint-Charles, ces Messieurs se réservent de reprendre sur le Séminaire la somme de 100,000 livres, qui leur seront payées sans aucune discussion de la justice ou injustice du renvoi ; de telle sorte, qu'ils ne pourront être renvoyés qu'auparavant ladite somme de 100,000 livres ne leur ait été comptée. Ils se réservent aussi le droit, dans le même cas, d'emporter la bibliothèque ainsi que le mobilier de la sacristie, qui leur appartiennent en propre [112]. »

Il s'était glissé dans le traité précédent une erreur de fait en ce qui regarde les métairies de Bertrandis et de Paulhac : MM. du Séminaire de Paris se proposaient de les céder gratuitement au Séminaire de Saint-Charles, ce qui autorisait à croire que ces Messieurs en étaient les propriétaires, *tandis qu'ils n'étaient que simples créanciers sur icelles*, la propriété appartenant personnellement aux sieurs de Calvet, supérieur du Séminaire du Diocèse, et Bertin supérieur du Séminaire de Saint-Charles.

D'un autre côté, il se trouvait dans ce même traité certaines dispositions, d'ailleurs très-onéreuses, qui auraient pu, dans la suite, être mal interprétées contre les intentions de MM. du Séminaire de Saint-Sulpice de Paris; dispositions dont il convenait de déterminer le sens clair et précis.

En conséquence, par acte devant Monnot et son collègue, Notaires au Châtelet de Paris, du 3 octobre 1777, Mgr de Brienne et M. le Gallic, Supérieur du Séminaire de Saint-Sulpice, conjointement avec les autres Prêtres représentant la communauté, et MM. Bertin et de Calvet, convinrent des articles suivants.

« 1° MM. de Calvet et Bertin, propriétaires, l'un de la métairie de Paulhac, l'autre de celle de Bertrandis, s'engagent à les céder au Séminaire de Saint-Charles, s'ils y sont autorisés par Sa Majesté, sinon à les vendre et à en placer le prix au profit dudit Séminaire; et quant aux créances que le Séminaire de Paris a droit de répéter sur lesdites métairies, et à celles que le sieur Calvet a aussi fournies pour l'acquisition de celle de Bertrandis, les sieurs Calvet et Bertin consentent à ce qu'elles soient confondues dans les reprises de 100,000 liv. stipulées dans le concordat précédent.

» 2° Il sera incessamment rendu compte à Mgr l'Archevêque de la gestion du temporel du Séminaire de Saint-Charles; et dans le cas où il se trouve un excédant de dépense considérable, elle demeurera réduite à celle de 100,000 liv., dans laquelle se trouveront confondues les avances énoncées dans le précédent article.

» 3° Si MM. de Saint-Sulpice venaient à abandonner l'administration du Séminaire de Saint-Charles, pour quelque cause que ce soit, le supérieur et les directeurs qui seront alors au Séminaire, ne seront tenus que de remettre à M⁹ʳ l'Archevêque l'économie dans l'état où elle se trouvera, sans qu'on puisse, sous prétexte de déficit, exiger de leur part autre chose qu'une simple déclaration qu'ils n'ont rien diverti à leur profit.

» 4° Et, au moyen de ces corrections et additions, le concordat de 1775 sortira son plein et entier effet [113]. »

Les MM. de la même compagnie continuèrent de régir cette communauté, jusqu'à l'époque où tous les établissements de ce genre devinrent la proie d'un gouvernement impie et spoliateur. Nos recherches n'ont pu obtenir des renseignements positifs sur les dernières années de cet établissement.

§ VI.

DU SÉMINAIRE DU DIOCÈSE,

DIRIGÉ PAR LES PRÊTRES DE LA COMPAGNIE DE SAINT-SULPICE.

ANNÉE 1763. Les PP. Jésuites avaient, comme on l'a vu, continué de diriger le Séminaire du Diocèse depuis sa fondation jusqu'au mois de juin 1762, où ils furent contraints d'abandonner leur maison mise en séquestre, ainsi que tous les biens de la compagnie. M⁹ʳ de Loménie de Brienne, promu au siége de Toulouse le 2 février de cette même année, trouva son Séminaire vacant ; et, convaincu de la nécessité de rassembler au plus tôt les jeunes clercs et aspirants à la cléricature, il se hâta d'employer tous les moyens que son zèle pour la discipline et la régularité ecclésiastique put lui suggérer. D'abord, il intervint, le 10 septembre de cette année, un arrêt du Parlement de Toulouse, en faveur du syndic général du clergé du Diocèse, qui ordonnait l'envoi en possession des bâtiments du Séminaire ayant appartenu aux PP. Jésuites [114]. Ensuite l'illustre Prélat s'appliqua à donner à cette nouvelle institution la forme et la stabilité propres à en assurer le succès. Instruit des fruits qu'avait produits et produisait tous les jours le Séminaire de Saint-Charles, fondé, depuis environ trente ans, par M. de Calvet, actuellement directeur au Séminaire de Paris, Msr de Brienne offrit à M. Cousturier, Supérieur du Séminaire de Saint-Sulpice de Paris, la direction de celui qu'il allait rétablir pour son nouveau Diocèse. La proposition ayant été acceptée, les conventions furent arrêtées entre Msr l'Archevêque et M. de Calvet, député à cet effet de M. le Supérieur de Saint-Sulpice, par acte devant Vidal, notaire à Toulouse, le 14 décembre 1703. Les articles de ce contrat étant à peu près les mêmes que ceux du premier concordat relatif au Séminaire de Saint-Charles rapportés ci-dessus, il suffira, pour éviter les redites, de marquer les divers points où celui-ci diffère du précédent.

« 1º Les MM. du Séminaire de Paris s'obligent à tenir continuellement au Séminaire du Diocèse de Toulouse cinq Ecclésiastiques de leur compagnie, au lieu de six qui devaient toujours être au Séminaire de Saint-Charles; et si M. le Supérieur du Séminaire de Paris jugeait à propos d'en augmenter le nombre, il ne pourra, à raison de ce, demander aucune augmentation.

» 2º L'honoraire assigné pour le supérieur et les directeurs consiste : 1º en une pension de 1108 liv. payable par le clergé du Diocèse ; 2º en tous les fruits et revenus de l'Archiprêtré de Caraman, se portant annuellement à 2000 liv., à la charge néanmoins de recevoir et d'entretenir, pour le logement et la nourriture seulement, deux séminaristes, au choix de Mgr l'Archevêque. La pension payable par le clergé demeure éteinte par l'union au Séminaire d'un bénéfice de pareille valeur.

» 3° Les directeurs du Séminaire ne devront rendre aucun compte des revenus du Séminaire qui leur sont assignés par ce contrat.

» 4° Enfin, on convient d'un règlement de comptes à produire plus tard par le supérieur du Séminaire du Diocèse, relativement aux avances par lui faites en achats de meubles meublants, ornements d'église, vases sacrés, et réparations devenues indispensables pour rendre logeable la maison du Séminaire, qui se trouvait dénuée de tout [115]. »

A l'époque de ce concordat, le Séminaire du Diocèse n'avait point encore de maison de campagne. Ce ne fut que le 7 mai de l'année suivante 1764, que M. de Calvet acheta de M. le Marquis de Caylus le domaine de *la Bonne*, au quartier de la Lande ; il l'augmenta plus tard par de nouveaux achats, jusqu'à concurrence de 17,230 liv. [116], et fit construire un bâtiment considérable pour y loger les élèves du Séminaire qui ne se retiraient pas dans leur famille pendant le temps des vacances.

Cette même année 1764, et le 17 novembre, le Roi accorda les lettres patentes, portant confirmation du Séminaire déjà établi à Toulouse dès l'année 1684, et rétabli par Mgr de Brienne. Elles furent enregistrées au Parlement de Toulouse, le 12 janvier 1765 [117].

Enfin, le 10 décembre de cette année 1765, règlement de comptes entre Mgr de Brienne et M. de Calvet, supérieur du Séminaire du Diocèse, conformément au dernier article du concordat du 14 septembre 1763 : voici le précis de ce règlement.

Le total des avances faites par ce dernier, y compris, en première ligne, 4000 liv. pour arrérages de deux années des revenus du bénéfice de Caraman, se porte à la somme de 32,663 liv. 12 s. 6 d. pour le payement de laquelle Msr l'Archevêque cède audit supérieur et à ses successeurs, tous les profits qu'ils pourraient faire ou avoir faits sur les pensions des séminaristes, et ce, pendant l'espace de trente ans, à compter du 1er janvier 1765. Que si dans dix ans, ou après vingt ans, ou dans trente ans, ils étaient obligés d'abandonner, ou abandonnaient d'eux-mêmes le Séminaire, ils seraient censés payés de ladite somme en tout ou en partie, en proportion d'un tiers pour chaque dix années qui se seraient écoulées depuis le 1er janvier 1765 jusqu'à celle de leur retraite du Séminaire [118].

Cependant les circonstances engagèrent Msr l'Archevêque à faire quelques modifications au concordat dont on vient de parler. On a vu qu'aux termes de l'article 2 de ce contrat, Msr de Brienne avait assigné pour l'honoraire des Directeurs une pension de 1198 liv. payable par le clergé du Diocèse, et les revenus de l'Archiprêtré de Caraman, unis au Séminaire, lors de sa fondation par Msr de Montpezat, alors Archevêque de Toulouse. Mais sur les instances de M. Petit, titulaire actuel dudit archiprêtré, et par décret du 5 août 1770 approuvé par lettres patentes enregistrées, Msr de Brienne désunit du Séminaire les revenus de ce bénéfice, et les rendit à leur première destination, sous la condition, offerte par le titulaire, de payer annuellement au Séminaire une somme de 500 liv. [119].

Pour remplacer, du moins en partie, la dotation du Séminaire, Msr l'Archevêque, par un autre décret du 23 juillet 1774, aussi confirmé par lettres patentes enregistrées , réunit le Prieuré de Saint-Sulpice au Séminaire de Castres , sous la redevance annuelle de 500 liv. en faveur du Séminaire du Diocèse de Toulouse [120]. Un nouveau décret du même Prélat , du 6 juillet 1777 , unit également le Prieuré de Fenouillet au même Séminaire [121]. Enfin , par ordonnance du 21 janvier 1784 , il régla qu'il serait prélevé sur les biens et revenus du Prieuré de Malvoisin réuni aussi audit Séminaire , la somme de 1000 liv. pour être employée à payer une partie de l'honoraire des supérieurs et directeurs de cette communauté , à la décharge du clergé de Toulouse [122]. Mais pour que l'exécution de ces différentes dispositions ne pût causer aucun préjudice à MM. les directeurs du Séminaire , l'assemblée du clergé du Diocèse , du 16 janvier 1779 , avait elle-même assuré tous leurs droits en fixant à 2500 liv. , comme par le passé , le montant de ces honoraires.

D'après tous les faits que l'on vient de rapporter depuis l'année 1763 , on peut juger de l'intérêt que Msr de Brienne attachait à la bonne direction et à la prospérité des Séminaires. Le rétablissement du Séminaire du Diocèse , après la dispersion des Jésuites ; la construction du corps des Philosophes , faite aux frais de M. de Calvet , mais due aussi aux encouragements du Prélat ; le beau Séminaire de Saint-Charles , construit également sous son épiscopat ; les améliorations , soit au spirituel , soit au temporel , introduites dans ce Séminaire ; les dotations considérables de ces deux établissements , par les libéralités de MM. de Saint-Sulpice , et par l'union de plusieurs bénéfices , attestent hautement le zèle dont cet Archevêque était animé pour le bien de son Diocèse et la régularité de son clergé [123]. Il en donna de nouvelles marques dans son Synode de

1782. A la séance du 8 novembre, il insiste principalement sur l'importance des Séminaires pour le gouvernement d'un bon Diocèse, et montre « que c'est » surtout de la première éducation cléricale que dé- » pend le reste de la vie ecclésiastique ; qu'aussi au » moment de la restauration de la discipline, rien n'a- » vait paru plus essentiel que le rétablissement des » Séminaires. » Il ajoute : « que si plusieurs choses » ont été faites pour assurer la bonne éducation des » clercs dans le Diocèse, il s'en faut bien qu'on ait » atteint à tout ce qui serait nécessaire pour en porter » les différents degrés à la perfection dont elle est sus- » ceptible. » Il regrette que « le temps de séjour des » Ecclésiastiques dans les Séminaires reste encore » borné à quinze mois, » et témoigne « combien il » est à désirer qu'il soit étendu à toute la durée du cours » de théologie. » Il observe encore, « que l'éducation » ecclésiastique, plus que toute autre, a besoin d'être » commencée de bonne heure ; que le temps des basses » classes et surtout celui de la Philosophie, dans les » Séminaires, n'est pas moins précieux que celui de la » Théologie, si l'on veut rendre les sujets dignes des » fonctions auxquelles ils sont appelés [134]. » Mais en attendant que les ressources du Diocèse lui permettent de faire mieux, il s'attache pour le moment à renouveler en Synode les règlements qu'il avait déjà publiés, touchant les épreuves et la préparation des jeunes clercs pour les ordres auxquels ils aspirent. Nous en extrairons ce qui paraît le plus remarquable :

« 1° Nul ne sera admis à la tonsure qu'il n'ait fait la dernière année du cours des langues. Avant l'ordination, les aspirants devront composer sur un thème ou sur une version ; et ceux qui auront étudié en philosophie , seront interrogés sur leurs livres et cahiers. Ils seront aussi obligés de répondre sur le livre qui aura servi à l'enseignement de la Religion.

» 2° Il y aura , dans chacun des Séminaires de Toulouse , trois conférences , qui répondront aux trois années de théologie. Outre ces trois conférences , il y en aura une particulière pour la morale.

» 3° Tous ceux qui assisteront à ces conférences seront examinés, à la fin de chaque traité, sur tout ce qui y sera contenu. Cet examen se fera en présence de celui de MM. les Vicaires Généraux qui sera chargé des études. A chacun de ces examens , il sera tenu une note exacte du caractère de ceux qui les auront subis, de leurs talents et de leur application.

» 4° Dans chacun des Séminaires , il sera soutenu alternativement une thèse ou exercice public sur le traité qui aura fait la matière de l'examen précédent ; cet exercice durera deux heures.

» 5° Parmi ceux que l'état de leur fortune oblige à demander des places gratuites dans le Séminaire , celui qui aura le mieux répondu dans les examens aura une place gratuite.

» 6° Les ordinands répondront sur un traité pour les Mineurs, et sur deux pour les ordres sacrés, en observant qu'il y en ait un de morale , et que ceux qui auront été présentés pour un ordre , ne pourront l'être pour l'autre.

» 7° Il y aura dans chaque Séminaire une classe pour l'Écriture sainte , et la matière de cette classe fera partie de celle de l'examen qu'ils subiront avant l'ordination. Ceux qui se présenteront pour la prêtrise , subiront , de plus , un examen particulier sur ce qui est renfermé dans le Rituel du Diocèse [125]. »

L'environ deux ans après ce Synode , Mᵍʳ de Brienne avait encore établi à Toulouse un petit Séminaire, ainsi qu'on l'a rapporté au commencement de ces Mémoires. Mais à peine cet établissement comptait-il trois années d'existence dans la maison où il avait été transféré, que la révolution française éclata , et supprima avec ce petit Séminaire, tous les Séminaires de France. Un décret de l'Assemblée nationale avait mis tous les biens ecclésiastiques à la disposition de la nation. En conséquence, une Commission de la municipalité de Toulouse se transporta au Séminaire du Diocèse , le 20 du mois de mai 1791 , pour y procéder à l'inventaire des meubles et effets mobiliers, titres et papiers qui dépendaient dudit Séminaire, déclarés appartenir à la nation. Il est signé , à la dernière séance du 21 mai, de M. Amblard supérieur, qui avait succédé à M. de Calvet , de MM. Dubois économe , Boix , Ducré et Garay , directeurs. On leur signifie, par le même acte, l'arrêté du Directoire du Département, du 20 mai, qui leur ordonne d'évacuer la maison ; et MM. les directeurs promettent de rendre la maison libre, au plus tard, le 20 juin suivant [126].

Le 25 mai, pétition de M. Amblard , supérieur du Séminaire, au Directoire du district de Toulouse, par laquelle il réclame le payement de la somme de 4,000 livres, due aux Prêtres de Saint-Sulpice, en vertu des conventions arrêtées entre eux et Mᵍʳ de Brienne, dans le règlement des comptes du 10 décembre 1765. Le Directoire du département, par arrêté du 28 du même mois de mai, déclare n'y avoir lieu de statuer sur cette demande, jusqu'à ce que l'Assemblée nationale ait définitivement prononcé sur le sort des congrégations séculières et de leurs biens, dont la jouissance est encore à leur disposition [127].

Enfin, le 18 juin, les Officiers municipaux procèdent au récolement des objets inventoriés dans l'acte des 20 et 21 mai précédent. Toute l'argenterie et les ornements d'Eglise sont transportés à la commune. MM. Amblard et Dubois, restés seuls au Séminaire, en sortent, et la maison est fermée [128].

En terminant cette première partie de nos Mémoires, nous prions M Belhomme, Conservateur des archives du Département, d'agréer la nouvelle expression de notre gratitude, pour la communication bienveillante de presque tous les documents, titres et renseignements qui font tout le mérite de cet opuscule.

NOTES

(1) Archives du Département. — État des Séminaires existants dans la municipalité de Toulouse.

(2) *Ibid.*

(3) *Ibid.*

(4) *Ibid.*

(5) *Ibid.*

(6) Almanach du Languedoc, année 1754, pag. 42.

(7) Raynal. Histoire de la ville de Toulouse, pag. 447. — Archives du Département. — Séminaire de Caraman. — Actes extrajud. et Mémoires MSS.

(8) Archives du Département. — Séminaire de Caraman. — Mémoire MS. de la fondation de J. de Costa, Curé de Basiége, pag. 1, n. 6.

(9) *Ibid.*, pag. 1, n. 1.

(10) *Ibid.*, n. 6.

(11) *Ibid.*, n. 7.

(12) Jus sacrum Eccles. Tolosan., tom. II, Ordonnances, n. xc, art. 10, pag. 1023.

(13) *Ibid.*, n. ci, pag. 1061-63.

(14) Archives du Département. — Séminaire de Caraman. — Acte du 12 septembre 1665, par-dev. Hubault et Huppin, not. à Paris.

(15) Archives du Département. — *Ibid.* — Lettres patentes. — Lettres de jussion et Actes judiciaires, n. 14.

(16) *Ibid.*

(17) *Ibid.* — Certificat d'enregistrement des lettres patentes.

(18) Gallia christiana, tom. XIII, col. 70.

(19) Archives du Département. — Mémoires MSS. du Séminaire de Caraman ; n. 1, 2, 3, 4 et 5.

(20) *Ibid.*

(21) *Ibid.*

(22) *Ibid.* — Séminaire de Caraman. — Actes extrajud.

(23) *Ibid.* — Séminaire de la Mission. — Concordat du 5 mai 1707, devant Dupuyde et son collègue, not. à Paris. — Almanach du Langued. an. 1751, pag. 42.

(24) Almanach du Langued. année 1751, pag. 42.

(25) *Ibid.*

(26) Archives du Département. — Sémin. des Irlandais. — Lettres patentes de Louis XIV. — Registre de réception des séminaristes.

(27) *Ibid.* — Registre de réception des séminaristes. — *Constitutiones Seminarii.*

(28) *Ibid.* — Registre de réception des séminaristes et des délibérations.

(29) *Ibid.*

(30) *Ibid.* — Procès-verbal MS. — Pièces diverses MSS.

(31) *Ibid.* — Registre des délibérations. — Pièces détachées.

(32) *Ibid.* — Dossier du Séminaire. — Ordonnances de Mgr de Colbert.

(33) *Ibid.* — Lettres de nomination du supérieur du Sém.

(34) *Ibid.* — Procès-verbal de visite du Séminaire, par M. Raby, Vic. Gén. — Rien n'indique que Mac-Suyni ait été nommé juridiquement par ses confrères ; mais, sans aucun doute, il avait l'assentiment de la plupart d'entre eux.

(35) *Ibid.* — Dossier du Sémin. — Ordonnances de Mgr de Colbert. — Pièces détachées.

(36) *Ibid.*

(37) *Ibid.* — Arrêt du Conseil d'état. — Commiss. sur arrêt de Louis XV.

(38) Archives du Département. — Lett. de nom. du Supérieur du Séminaire par Mʳ de Crillon.

(39) *Ibid.* — Ordonnance MS. de Mᵉʳ de Crillon. — *Constitutiones Semin. Hibernens.*

(40) *Ibid.* — *Ultimæ constitutiones Semin.* (imprimé en placard), col. 1 et 2.

(41) *Ibid.*, col. 2.

(42) *Ibid.*, col. 1.

(43) *Ibid.*, col. 2, *in fine.*

(44) *Ibid.* — Registre de recette du Séminaire.

(45) *Ibid.* — Maison de l'Oratoire. — Actes divers.

(46) *Ibid.*

(47) *Ibid.*

(48) *Ibid.*

(49) *Ibid.*— Registre des délibérations.—Etat de la maison, dressé en 1685, pag. 4.

(50) *Ibid.*

(51) *Ibid.* — Réception des élèves pour l'institut.

(52) *Ibid.* — Etat de la maison, etc.

(53) Almanach du Languedoc, année 1751, pag. 39 et 40.

(54) *Voir* Vie de M. Olier, par M. l'abbé Faillon, prêtre de Saint-Sulpice, part. I, liv. IX, tom. I, pag. 405 et suivantes. Notes.

(55) Archives du Département. — Séminaire des Jésuites. — Mémoires MSS. pour le Séminaire de Toulouse, pag. 1.

(56) La pension fut fixée à 16 liv. par mois. Les gages du cuisinier étaient, par an, de 36 liv.; ceux du jardinier, de 27 liv.; du marmiton, 16 liv. — *Archives du Département.* — Sémin. des Jésuites. — Registre sommier. — Etat du Sémin. pag. 3 et 5.

(57) Archives du Département. — Sémin. des Jésuites. — Concordat par-devant Raymond Bonnet, not. à Toulouse.

(58) Archives du Département. — Lettres patentes de Louis XIV, approuvant la fondation du Sémin. de Toulouse.

(59) *Ibid.* — Mémoires pour le Séminaire, pag. 9.

(60) *Ibid.*

(61) *Ibid.* — Pièces relatives à l'union de l'archipr. de Caraman au Séminaire.

(62) *Ibid.*

(63) *Ibid.* — Lettres patentes confirmant l'union de l'archiprétré au Séminaire.

(64) *Ibid.* — Mémoires pour le Sémin. de Toulouse, p. 10.

(65) *Ibid.* pag. 13 et 14.

(66) *Ibid.* et Journal du Séminaire, pag. 1. — Mémoires, etc., pag. 14.

(67) *Ibid.* — Mémoires pour le Séminaire, pag. 15. — Journal, pag. 3.

Les exercices principaux du Séminaire étaient, au fond, dès le principe, les mêmes que ceux qu'on pratique universellement aujourd'hui dans ces saintes institutions. On y faisait journellement deux classes de théologie, l'une de dogme, l'autre de morale, et une classe de chant; une classe d'écriture sainte, à jours réglés; une retraite de huit jours à l'entrée de l'année scolaire; une autre avant chaque ordination; et, de plus, on en donnait une autre, de trois jours, avant la sortie, qui était fixée au 14 septembre. La rentrée avait lieu le 4 novembre, fête de saint Charles, patron de la communauté. — *Archives du Département.* — Mémoires pour le Séminaire de Toulouse, pag. 14 et 15. — Journal, p. 3 et 5.

(68) D'après les titres authentiques et les faits que nous avons cités, la date de la fondation du premier Séminaire du Diocèse de Toulouse demeure incontestablement fixée à l'année 1684. On lit cependant, dans l'analyse d'un Discours prononcé par M\gr de Brienne au Synode de 1782 : «L'Eglise » de Toulouse jouit depuis longtemps de ce précieux avantage » (d'avoir un Séminaire), puisqu'on voit, par un décret du » Concile de la province tenu en 1590, *qu'il y avait dès lors*

» *un Séminaire* (*). » On lit aussi, au bas de la page, une note dans laquelle l'éditeur des actes du Synode cite, en preuve de l'assertion de l'illustre orateur, un passage tiré des décrets mêmes du Concile, dont voici les termes : « *Ecclesiasticæ* » *historiæ explicationes compendiariæ certis statisque diebus* » *Seminariorum alumnis perlegentur* (**). » Mais il est manifeste, à la simple lecture des décrets *sur les Séminaires des clercs*, d'où ce passage a été extrait littéralement, que les règlements concernant les leçons d'histoire ecclésiastique à donner aux élèves du Séminaire, loin de supposer l'existence actuelle d'aucun Séminaire dans la province, établissent évidemment le contraire, et ne s'appliquent qu'aux élèves des Séminaires qui seront établis dans la suite, des Séminaires que les *Evêques ordonnent d'ériger dans chaque diocèse de la province* (***). Viennent ensuite les moyens à prendre pour se procurer les ressources nécessaires à la fondation de ces pieux établissements, et la forme, le régime *qu'on devra leur donner*. Cette preuve n'en demande point d'autre.

On ne serait pas mieux fondé à dire que le Cardinal de Joyeuse avait érigé son Séminaire, au plus tard en 1599, date certaine d'un Bref de Clément VIII, qui autorise le Prélat à *unir à son Séminaire* quelques bénéfices; car il s'agit dans ce Bref de l'érection *de droit*, et non *de fait*, du Séminaire de Toulouse : *Seminarium ecclesiasticum erexit et instituit Cardinalis de Gioyosa nuncupatus, prout in* SCRIPTURIS, *seu* DOCUMENTIS *desuper forsan confectis pleniùs dicitur contineri* (****). Le Cardinal-Archevêque avait donc juridiquement établi son Séminaire, afin de le rendre capable de posséder, par l'union que le Pape l'autorise à faire à cet établissement de certains bénéfices ; mais le Séminaire n'existait pas encore comme communauté actuellement composée de supérieurs et de séminaristes. Du reste, les démarches du

---

(*) Actes du Synode de 1782. — Séance du 8 novembre, pag. 122.

(**) *Ibid.*, note b.

(***) Et Synodi Tridentinæ sanctissimis constitutionibus parentes Episcopi..., *in suis Diæcesibus clericorum Seminaria quàm primùm curent erigenda...; atque ut eorum fundatio vel excitari, vel adjuvari possit,* etc. Concil. provinc. Tolosan., part. III, cap. 5, n. 1 et 2.

(****) Bull. Rom. n. CCCLIII, § 1, tom. V, part. III, pag. 122.

(62)

Cardinal de Joyeuse , dans cette affaire , et les résolutions
prises au Concile provincial de 1590 , touchant les Séminaires , n'eurent aucun résultat avant l'année 1650 : c'est ce
que supposent constamment les statuts et ordonnances sur les
études, les examens, les épreuves des ordinands , publiés
par les Archevêques de Toulouse, soit avant le Concile provincial, soit postérieurement (*), et ce qui résulte des faits
que nous avons rapportés jusqu'ici.

On n'est pas moins surpris de voir les savants Bénédictins
auteurs du *Gallia christiana*, affirmer sans hésitation que,
sous l'épiscopat de Mgr Charles de Montchal , fut établi le
Séminaire des clercs dans l'église paroissiale de Saint-Pierre-
des-Cuisines : « *Carolo sedente, institutum est Seminarium*
» *clericorum in Ecclesia parochiali Sancti Petri de coqui-*
» *nis* (**) » : assertion absolument contraire aux faits les plus
notoires et les mieux avérés. En effet, quelle que soit l'époque
que l'on voudrait assigner à cette prétendue fondation du
Séminaire de Saint-Pierre-des-Cuisines sous Mgr de Montchal,
il faudrait nécessairement la faire remonter avant la fin de
septembre 1651 , date incontestée du décès de cet Archevêque. Or, il n'y a jamais eu à Toulouse que deux Séminaires
établis dans la paroisse de Saint-Pierre-des-Cuisines ; celui des
Irlandais, que nous avons vu fonder en 1660 , sous l'épiscopat
de Mgr de Marca , et celui du Diocèse, institué par Mgr de
Montpezat en 1684, établi d'abord sur la paroisse Saint-
Etienne , et transféré en 1688 , un an après la mort du
Prélat et pendant la vacance du siége , dans la paroisse de
Saint-Pierre-des-Cuisines , où il est toujours resté jusqu'à la
révolution. Il y a donc lieu de croire que les célèbres écri-
vains, soit par distraction, soit sur des documents inexacts,
auront placé l'érection de ce Séminaire sous l'épiscopat de
Mgr de Montchal , au lieu de la placer sous celui de Mgr de
Montpezat, lequel est d'ailleurs, sans contradiction, le véritable fondateur. Et ce qui confirme notre conjecture sur
la cause de cette transposition, c'est que, outre la même
syllabe initiale du nom des deux Prélats, qui a pu donner

____

(*) Vid. Jus sacr. Eccles. Tolosan., tom. ii , Ordonnances, pag. 607-838.
(**) Gallia christiana, tom. xiii, art. *Carolus de Montchal*, col. 62, *in fine*.

lieu à la méprise, l'auteur de l'article *Joseph de Montpezat* garde un profond silence sur une œuvre si importante et à la fois si incontestable de cet Archevêque (*), et qui, dans ces temps peu favorables à des entreprises de ce genre, aurait suffi seule pour illustrer son épiscopat.

Nous ferons aussi observer que le rédacteur de la notice des Archevêques de Toulouse (art. XXIV, Mgr de Montchal), imprimée à la tête du Rituel du Diocèse, in-4°, a reproduit l'erreur du *Gallia christiana*, que nous venons de signaler.

Encore une méprise sur le fait qui nous occupe. L'auteur de l'*Histoire de la ville de Toulouse*, Raynal, affirme, p. 437, que Mgr de Montpezat *choisit en* 1672 pour Séminaire du Diocèse, le Séminaire déjà établi près la Sénéchaussée, dirigé par les Jésuites. On a vu que l'ouverture de ce Séminaire n'eut lieu que le 19 mars 1685.

Du reste, nous ne croyons pas devoir nous arrêter à une difficulté tirée de l'existence de certains *Séminaires* dans la ville de Toulouse antérieurement aux époques que nous avons marquées. On voit, il est vrai, dans certains manuscrits ou imprimés, le nom de *Séminaire* donné à quelques pieuses institutions, avant ces époques. Mais il faut remarquer que ce nom générique, pouvant s'appliquer à toute sorte d'établissements où on élève des sujets pour un corps quelconque, ne doit pas toujours s'entendre d'un Séminaire de clercs, et surtout d'un Séminaire de clercs *séculiers*, dont il est ici uniquement question. Ainsi, pour nous servir d'un exemple qu'on nous a objecté, on appelait *Séminaire*, ou *Séminaire de Saint-Louis*, le noviciat des Bénédictins de la congrégation de Saint-Maur, fondé en 1623, à Toulouse, grand'rue Saint-Sernin, par autorisation du Cardinal de la Valette, Archevêque de cette ville. — *Archiv. du Départ.* — Séminaire de Saint-Louis. — Contrat d'achat de la maison du Séminaire des Bénédictins réformés, et autres pièces.

(69) Voir l'Histoire de la congrégation des filles de l'Enfance, 2 vol. in-18. Toulouse.

Nous ne contesterons pas qu'il n'y ait de l'exagération dans quelques récits de cette Histoire, et que les moyens employés

---

(*) Gallia christiana, tom. XIII, art. *de Montpezat*, col. 70 et 71.

pour dévoiler les secrets de cette communauté ne soient peu conformes à la candeur et à la simplicité évangélique. Mais l'amour de la vérité nous fait un devoir de signaler ici une erreur involontaire de l'estimable auteur de l'*Histoire des Institutions de la ville de Toulouse* (*). Ce savant archéologue, trompé sans doute par des documents suspects ou inexacts, reproduit, au moins en partie, sur la communauté de la dame de Mondonville, les préjugés de l'abbé Racine(**), et du rédacteur de la *Biographie Toulousaine*(***). Tout ce qu'on peut dire de plus modéré sur Mᵐᵉ de Mondonville et ses filles, c'est « que les gens impartiaux les regardèrent comme les victimes » d'un fanatisme, dont elles ne connaissaient ni les vues ni » les ressorts. La Cour, dit un auteur très-instruit de cette » affaire, *eut des preuves incontestables*, que cette fondatrice » avait donné asile à des hommes *de mauvaise doctrine*, et » *mal intentionnés pour l'État :* tels que le P. Cerle et l'abbé » Dorat ; qu'elle avait fourni à ceux-ci les moyens de sortir du » royaume ; qu'elle avait fait imprimer dans sa maison, et » par ses filles, plusieurs libelles contre la conduite du Roi et » de son conseil. On enleva cette imprimerie ; *on dressa des* » *procès-verbaux, et, sur tous ces faits, on eut quantité de* » *dépositions authentiques et juridiques, avec les témoignages* » *des plus anciennes filles de la maison.* Diction. Histor. de » Feller, art. *Mondonville*, édit. de 1797, pag. 425. »

Voyez, outre l'*Histoire de la congrégation de l'Enfance*, déjà citée, la *Réponse au Recueil des pièces et Mémoires de M. l'abbé de Juliard*, 1 vol. in-12, Amsterdam, 1737.

(70) Archives du Département. — Mᵐᵉ de Mondonville. — Pièces relatives à la maison des filles de l'Enfance. — Séminaire des Jésuites.

(71) *Ibid.* — Registre sommier du Séminaire. — État du Sémin., pag. 1.

(*) Hist. des Instit. de la ville de Toulouse, tom. IV, pag. 600.

(**) Abrégé de l'Hist. ecclés. du XVIIᵉ siècle, § 3, n. 21, tom. XIII, p. 215-33.

(***) Biograph. Toul., art. *Mondonville*, tom. II, pag. 67 et suiv. — Cette compilation a grand besoin d'être revue et corrigée, tant pour le fond que pour le style.

(72) *Ibid.* — Journal du Séminaire, pag. 6.

C'est d'après ce Journal plein de détails, qu'il faut fixer les incertitudes de l'auteur de l'art. *de Montpezat,* dans le *Gallia christiana,* touchant le décès de ce Prélat. L'écrivain Bénédictin place sa mort au 17 *ou au 27 juin.* Le Journal que nous citons marque qu'on lui fit, *le 26 juin,* une opération si dangereuse, *qu'on fit expédier des dimissoires pour ceux qui étaient au Séminaire,* et qu'il mourut le lendemain, *vendredi ;* or c'est bien un vendredi que tombait le 27 juin, en 1687.

(73) Ordonnances de Mgr de Montpezat, Archevêque de Toulouse, 1 vol. in-18. — Mandement, pag. 3.

(74) Le rédacteur Bénédictin de l'art. *de Montpezat,* dans le *Gallia christiana,* montre de la partialité envers cet Archevêque, qu'on sait avoir été l'ennemi déclaré des doctrines janséniennes. Cet auteur cite deux *Brefs* très-sévères du Pape Innocent XI au Prélat ; il les rapporte même *in extenso* parmi les *pièces justificatives,* à la fin du volume. Or, l'un des griefs principaux reprochés par le Souverain Pontife à l'Archevêque, est d'avoir persécuté *les filles de l'Enfance,* si bien connues pourtant dans nos contrées pour leur attachement fanatique aux erreurs du Jansénisme. Il est à croire que le fameux *Caulet,* Evêque de Pamiers, qui, à cette même époque, avait pour adversaire Mgr de Montpezat, dans l'affaire célèbre de la Régale, sut adroitement profiter de la protection que le Pape lui accorda dans cette malheureuse affaire, pour l'indisposer contre le Métropolitain, en le lui représentant sous des couleurs propres à favoriser la cause des vierges folles, dont l'Evêque appelant fut un des protecteurs les plus dévoués.

On doit modifier, d'après ces observations, la Notice xxviii, art. *de Montpezat,* consignée à la tête du Rituel de Toulouse, in-4°.

(75) Jus sacrum Ecclesiæ Tolosanæ, tom. 1. — Statuta Bernardi de Rosergio, titul. xxiii, de sacr. ordin. recip., pag. 66.

(76) Concil. provinc. Tolosan., part. ii, cap. 7, n. 8.

(77) *Ibid.*, part. iii, cap. 5, n. 9.

(78) Jus sacrum Eccles. Tolos., tom. II, Ordonnances, pag. 1192 et 1193.

(79) *Ibid.*, Ordonnances de Mgr de Montchal, tom. II, pag. 782-817.

(80) *Ibid.*, Abrégé des ordonn. publiées par les Gr. Vic. de Mgr de Marca, art. x, tom. II, pag. 1023.

(81) *Ibid.* — Ordonnance de Mgr d'Anglure de Bourlemont, du 8 novembre 1664, tom. II, pag. 1063.

(82) Ordonnances de Mgr de Montpezat, dans le Synode de 1677. Du Sacrem. de l'Ordre, n. 1 et suiv., pag. 85 et suiv.

(83) Ordonnances synodales de Mgr de Colbert, de 1696. Du Sacrem. de l'Ordre, n. 1-5, pag. 107 et suiv.

(84) Ordonnances synod. de Mgr de Crillon. Du Sacrem. de l'Ordre, n. 1 et suiv., pag. 109 et suiv.

On était bien plus avancé dans la province ecclésiastique, relativement à l'épreuve des clercs dans les Séminaires. Quatre ans auparavant, c'est-à-dire dès 1692, l'un des suffragants, Mgr de Labroue, Evêque de Mirepoix, exigeait de ses clercs six mois de séjour au Séminaire avant la tonsure, autres six mois avant les ordres mineurs, et une année avant la réception de chacun des ordres sacrés, en tout quatre ans de Séminaire avant la prêtrise. *Ordonn. synodal. de Mgr l'Evêque de Mirepoix*, de 1692. Du Sacrem. de l'Ordre, n. 56, pag. 91.

(85) Concil. provinc. Tolosan., part. III, cap. 5, n. 7.

(86) Jus sacrum Eccl. Tolos. — Ordonn. de Mgr de Joyeuse, tom. II, pag. 1176 et suiv.

(87) *Ibid.*, page 1177.

(88) Ordonn. synod. de Mgr de Crillon. Du sacrement de l'Ordre. — Règlement pour le Sémin., n. 4, pag. 118.

(89) Archives du Départ. — Séminaire des Jésuites — Registre sommier du Sémin., art. *Chapelle*, pag. 21.

(90) *Ibid.* — Art. *Retraites*, pag. 24 et suiv.

Le règlement de la Retraite ecclésiastique était le même que celui qu'on suit aujourd'hui. La différence qu'on y re-

marque, c'est : 1° que le lever était fixé à quatre heures et
demie ; 2° qu'on employait la seconde demi-heure d'oraison
à la répétition de cet exercice ; 3° qu'on faisait une seconde
méditation à dix heures du matin, et une troisième à cinq
heures du soir, au lieu du sermon ou entretien qu'on prêche
maintenant ; 4° enfin, qu'on y donnait tous les jours une conférence sur le Rituel et sur les devoirs des curés. — *Archives
du Département.* — Séminaire des Jésuites. — Règlement
pour la retraite des curés.

(91) Archives du Département. — Sém. des Jésuites. —
Comptes et mémoires relatifs aux constructions du Sémin.

(92) Archives du Département. — Séminaire des Jésuites.
— Documents divers concernant la suppression des maisons
de la Société à Toulouse.

(93) Il était né à Toulouse, dans la paroisse Saint-Etienne,
le 28 juillet 1699, de messire Jean-Joseph Calvet, trésorier
général de France, et de dame Françoise de Vignes, et fut
baptisé le 1er août suivant. — *Registres des baptêmes, ma-
riages et sépultures* de la paroisse Saint-Etienne, année 1699.
Il mourut à Issy-lez-Paris, en 1700.

(94) Catel, Mémoires de l'histoire du Languedoc, pag. 238.
— Raynal, Histoire de la ville de Toulouse, pag. 455. —
Percin, Monum. conv. Tolos. fratr. Prædic., pag. 208. —
Biographie Toulousaine. Supplém., pag. 425, note 2. Cet
article manque d'exactitude, surtout en plaçant la naissance
de M. de Calvet à l'année 1688, et sa mort en 1781.

(95) Il en avait fait vœu, et il l'observait si scrupuleusement, qu'il n'avait pour tabatière qu'une méchante boîte de
bois très-commun, ne prenait que de grossières râpures de ta-
bac, dont les pauvres seuls faisaient usage, et ne portait que
des culottes de peau noire qui ne coûtaient pas, y compris la
façon, au delà de 3 liv. — *Notes MSS. sur M. de Calvet,*
Archiv. particul. des Prêtres de Saint-Sulpice du Sémin. de
Toulouse, pag. 3.

(96) Le trait suivant fait assez connaître la pénétration et
la parfaite rectitude de son esprit. Il s'agissait de décider un
cas de conscience des plus épineux, sur lequel les plus habiles,

entre autres son confrère M. Marion, Docteur de Sorbonne, n'osaient prononcer. Celui-ci invite le consultant à soumettre le cas à M. de Calvet, qui reçoit sa visite pendant la récitation du Bréviaire : il s'interrompt, en marquant du doigt l'endroit de son office, écoute attentivement l'exposé de l'affaire, et donne sur-le-champ sa décision. Rapportée aussitôt à M. Marion, elle est pour lui un trait soudain de lumière ; il l'approuve sans hésitation, en s'écriant : *Vraiment, cet homme sera toujours et en tout notre maître!* — *Ibid.* pag. 2 et 3.

(97) Les plus anciens du clergé du Diocèse se souviennent encore des profondes impressions et des fruits salutaires que produisaient les entretiens qu'il donnait dans les retraites ecclésiastiques surtout lorsqu'il traitait des vertus cléricales. L'oraison était presque la seule préparation qu'il apportât à ses prédications.

(98) Encore laïque, il avait remporté plusieurs fois le prix dans les assauts d'escrime, et il était devenu par là, en vertu des Règlements, l'un des juges dans les concours publics qui avaient lieu au Capitole. Chose très-singulière ! on a vu une fois ce vénérable Prêtre, tout Supérieur qu'il était du Séminaire, appelé juridiquement par les Capitouls, dans un cas de ce genre fort extraordinaire, et siéger en manteau long parmi ces magistrats, en son ancienne qualité de juge en fait d'escrime. — *Ibid.*, pag. 1.

(99) Un fait assez étrange caractérise bien l'esprit de zèle pour la réforme du clergé qui animait cet excellent prêtre. Il assistait un jour, dans cette église, à une prédication. Il n'entend d'abord que des mots proférés sans ordre, sans suite ni liaison, débités néanmoins d'un ton assuré et emphatique ; de telle sorte que le prédicateur avait, en effet, tout l'air de prêcher, et ne disait cependant rien qui pût être compris de ses auditeurs Se persuadant qu'il est placé trop loin de la chaire, M. de Calvet s'approche un peu plus, s'approche encore davantage, jusqu'à ce qu'enfin il ne peut douter de la fidélité de son oreille. Indigné de ce scandale, et voulant s'assurer encore que son ouïe ne lui a point fait défaut, il interroge ses Ecclésiastiques, qui assistaient avec lui à cette espèce de prédication. Tous s'accordent à lui répondre que,

malgré toute leur attention, ils n'ont pu rien saisir. Pleinement convaincu dès lors que l'honoraire du sermon était l'unique but de ce prétendu prédicateur, il le fait appeler, l'interroge avec adresse, le convainc de sa faute, et le reprend avec douceur ; mais le voyant peu disposé à profiter de cette correction, il se crut obligé de le dénoncer à l'autorité ecclésiastique. — *Ibid.*, pag. 1 et 2.

(100) *Ibid.*, pag. 2. — Raynal. Histoire de la ville de Toulouse, pag. 455.

(101) Notes MSS. sur M. de Calvet. — Archiv. des Prêtres de Saint-Sulpice du Sém. de Toulouse.

(102) Archives du Département. — Séminaire de Saint-Charles. — Concordat du 6 juin 1747, entre Mgr de la Roche-Aymon et les Prêtres de Saint-Sulpice, pag. 1 et suiv.

(103) *Ibid.*, pag. 2.

(104) *Ibid.*

(105) Archives du Département — Séminaire de Saint-Charles. — Mémoire présenté à M. de Brienne, Arch. de Toulouse, du 13 juillet 1773, pag. 12.

(106) *Ibid.* — Concordat du 6 juin 1747, pag. 2 et 3.

(107) *Ibid.* — Concordat entre Mgr de la Roche-Aymon et les Prêtres de Saint-Sulpice.

(108) *Ibid.* — Mandement et ordonnance de Mgr de la Roche-Aymon, du 22 mars 1741, pag. 4 et suiv.

(109) *Ibid.*, pag. 8 et 9.

(110) *Ibid.* — Registre sommier du Séminaire des Jésuites. — Art. *Retraite des Prêtres*, pag. 75.

(111) *Ibid.* — Séminaire de Saint-Charles. — Décret d'union. — Lettres patentes. — Arrêt d'enregistrement au Parlement.

(112) *Ibid.* — Nouveau concordat entre Mgr de Brienne et les Prêtres de Saint-Sulpice, du 30 janvier 1775.

(113) *Ibid.* — Troisième concordat, du 3 octobre 1777.

(114) Archives des Prêtres de Saint-Sulpice du Séminaire de Toulouse. — Arrêt du Parlement, du 10 septembre 1763, pour le syndic du clergé du Diocèse.

(115) *Ibid.* — Concordat entre Mgr de Brienne et les Prêtres de Saint-Sulpice.

(116) *Ibid.* — Contrats d'achats faits par M. de Calvet.

(117) *Ibid.* — Lettres patentes confirmatives de l'établiss. du Séminaire.

(118) *Ibid.* — Règlement de comptes entre Mgr de Brienne et M. de Calvet.

(119) Archives du Départ. — Décret de désunion de l'Arch. iprêtré de Caraman du Séminaire de Toulouse.

(120) *Ibid.* — Décret de Mgr de Brienne. — Lettres patentes. — Arrêt d'enregistrement au Parlement.

(121) *Ibid.* — Décret du même Prélat. — Lettres patentes. — Arrêt d'enregistrement au Parlement.

(122) *Ibid.* — Ordonnance du même Archevêque, du 21 janvier 1784.

(123) Aussi zélé pour l'instruction que pour la régularité de son Clergé, le Prélat ne négligea point les conférences ecclésiastiques, ce moyen si propre à conserver et à nourrir le goût de l'étude parmi les prêtres et les pasteurs des âmes. Malgré les ordonnances de Mgr de Colbert en 1696, et de Crillon en 1720, ces exercices étaient insensiblement tombés en désuétude. Après la restauration de son Séminaire, Mgr de Brienne les rétablit dans tout le Diocèse, et stimula le zèle de ses prêtres sur un point si important de l'ancienne discipline, par une docte ordonnance du 31 janvier 1768. — *Biblioth. du Sém. de Toulouse.* — Recueil de Mandements, Litt. C., 2,168.

(124) Actes du Synode de 1782, séance du 8 novembre, n. O, pag. 123 et suiv.

(125) *Ibid.* — Règlement pour les ordres, pag. 171 et suivantes.

(126) Archives des Prêtres de Saint-Sulpice du Sémin. de Toulouse. — Inventaire des effets du Sémin. du Diocèse.

(127) *Ibid.* — Pétition de M. Amblard, et arrêté du Directoire du Département.

(128) *Ibid.* — Procès-verbal de clôture du Séminaire.

TABLE

	Pages.
Introduction	3
Séminaires de Caraman et de la Mission	6
Séminaire des Irlandais	13
Séminaire de l'Oratoire	20
Séminaire du Diocèse, dirigé par les PP. Jésuites	24
Séminaire de Saint-Charles, dirigé par les Prêtres de Saint-Sulpice	36
Séminaire du Diocèse, dirigé par les Prêtres de Saint-Sulpice	48
Notes justificatives, critiques et additionnelles	57

FIN.

www.ingramcontent.com/pod-product-compliance
Lightning Source LLC
Chambersburg PA
CBHW071345030726
47594CB00002B/760